충무공 이순신의 멘토

80세 현역 정걸 장군

일러두기

1. 이 글에서 인용한 기 발표된 논문과 저자, 연구자 여러분의 소중한 정보를 일일이 허락받지
   못했기에 널리 이해해주시도록 부탁드립니다. 더 새로운 연구와 저작권과 관련하여 어떤
   정보든 연락 주시면 공유하고 축적, 정리해나갈 계획임을 알려드립니다.
2. 단행본이나 잡지, 신문은 《 》로, 노래나 그림 등의 작품은 〈 〉로 표기하였습니다.
3. 본문에 나오는 날짜는 모두 음력입니다.

윤동한의
역사경영에세이 ❷

충무공 이순신의 멘토

80세 현역
정걸 장군

윤동한 지음

가디언

차례

이순신의 연승과 행주대첩 뒤에는
80세 노장 정걸 장군이 있었다

우리 역사에서 임진왜란 하면 이순신 장군을 빼놓고 이야기할
수 없다. 여기에 류성룡, 이원익, 이항복 등의 충신과 권율, 김시민,
김천일, 곽재우, 정문부 등 수많은 의병장과 장수 들이 나라를 지켰
다. 그러나 임진왜란의 공적을 따져볼 때 둘째가라면 서러워할 장
수가 있으니 그가 바로 80세 현역 정걸(丁傑, 1514~1597) 장군이다.
팔순 가까운 나이에 이순신과 손을 맞잡아 조선의 바다를 지켜냈
고, 육지에선 권율을 도와 행주산성에서 왜군을 물리쳤다. 그는 명
종, 선조 대에 이미 조선 최고의 전술·전략가였지만 임진왜란이 터
지자 노신을 이끌고 참전하여 이순신과 권율의 승리를 지원하는

역할을 자임했다.

정걸은 1514년 출생으로 이순신보다 무려 31살 위니 이순신과는 두 세대 차이가 나는 인물이다. 이순신이 태어나기 1년 전, 29세의 나이로 무과에 급제한 정걸은 훈련원 봉사奉事를 거쳐 선전관宣傳官을 지냈고, 1553년(명종 8) 서북면 병마만호를 지낸 뒤, 1555년 을묘왜변 때 영암 달량성達梁城에서 왜군을 무찌른 공으로 남도포南桃浦만호가 되었다. 이후 부안현감, 온성도호부사, 종성부사를 지내며 변방을 지키면서 여진과 왜를 물리치며 이름을 알렸다. 이후 경상우도, 전라좌·우도 수군절도사, 전라도병마절도사 등 수군과 육군의 주요 요직을 두루 거쳤다. 그런데 1592년, 현직을 은퇴하고도 남을 일흔일곱의 나이에 전라좌수영 경장(조방장)이 되었다. 당시에는 칠순이 된 대신에게 임금이 궤장(지팡이와 의자)을 내려 그간의 수고를 치하하고 여생을 편하게 보낼 수 있도록 하는 전통이 있었는데, 정걸은 궤장을 받고도 남을 나이에 선상에 다시 나섰으니 실로 대단한 일이었나. 당시 수군들 사이에 이미 전쟁이 날 것이라는 소문이 파다했던 상황임을 감안하면 그의 용기는 다시 조명할 필요가 있다. 과연 무엇이 그를 전장으로 이끌었을까?

조방장 정걸의 행보를 보면 짐작할 수 있다. 그는 자신의 경험과 지혜를 충무공 이순신을 위해 쓰기로 결심했던 듯하다. 발포만호 외에 수군의 경험이 많지 않은 이순신에게 스승으로서 해전의 전술과 전략을 충고하고, 때로는 참모로서 전장에 함께 나아가 고언을 아끼지 않았다. 기실 정걸은 임진왜란에서 조선 수군의 주력함이었던 판옥선에 대포를 장착해 실전에서 가공할 만한 위력을 발휘하게 한 장본인으로 알려져 있다. 판옥선뿐만 아니라 화전, 철령전, 대총통 등의 무기를 만들어 상당한 화력을 갖춘 수군을 키워낸 업적도 전해온다. 이후 정걸은 이순신의 지휘를 받으며 거북선 건조에도 깊게 관여했다. 그랬던 정걸이 이전에 수사로 근무했던 전라좌수영에 손자뻘인 이순신 장군의 휘하 조방장으로 돌아와 판옥선 11척과 정병 1,000명 이상의 정예 수군을 키워 이순신을 도운 것이다. 전라좌수영 관할 5관 5포 가운데 정걸의 고향인 흥양(지금의 전라남도 고흥)에 1관 4포가 있었다는 점을 감안하면 당시 전라좌수영에서 정걸의 위상을 짐작하기에는 어려움이 없다. 그런 정걸이 있었기에 조선 수군이 남해안의 제해권을 틀어쥘 수 있었고, 이순신 장군도 빛을 발할 수 있었던 것이다.

임진왜란이 일어나자 최전방인 경상도의 육군과 수군이 모두 패하거나 도망하여 한양까지 적의 수중에 넘어가자 곡창지대인 충청도와 전라도의 수비가 긴박해지면서 경험과 능력을 갖춘 장수가 절실한 상황이었다. 누구보다 이를 잘 알고 있었던 이순신이 자신보다 20년 앞서 수군절도사를 경험했고 육전과 수전에 모두 능한 최고의 전략가 노장 정걸을 휘하 참모로 모신 것은 그야말로 신의 한 수였다. 이러한 이순신 장군의 용병술도 놀랍지만 명분을 중시하던 당시 조선 사회에서 손주뻘 되는 후배 장수의 지휘를 받으며 참전하겠다고 나서는 것은 쉽게 이해하기 어려운 장면이다. 그동안 공부한 이순신 장군의 숭고한 성품과 나라와 백성에 대한 지극한 충성심으로 미루어 짐작건대, 필자는 정걸 장군 또한 이순신에 못지않은 호걸이었다고 생각한다. 노장 정걸은 비록 육체는 노쇠하여 군인으로 선봉에 나설 수는 없었지만 그동안 축적한 수많은 경험과 지혜를 나라와 백성을 위해 쓰기로 결심했을 것이다. 그것이 평생 전장을 누빈 장수로서의 명예로운 삶이자 노장만이 할 수 있는 역할임을 알고 있었다고 생각한다. 이 점에 주목해 정걸 장군을 조명해보고자 한다.

백전노장 정걸의 리더십을 한마디로 요약한다면 포용과 나눔이 미덕 실천이라고 말할 수 있겠다. 사람을 포용하고 지혜와 경험을 나눈 그가 있었기 때문에 5관 5포의 드세고 젊은 장수들을 새로 부임한 낯선 수사 이순신이 1년 만에 최정예 전라좌수군으로 만들어 왜적을 물리칠 수 있었다. 여기에 전라좌수영의 군무와 재정을 총괄하는 실무총괄책임자COO이자, 연전연승 전략·전술의 참모장으로서 지원을 아끼지 않은 서번트 리더십이 더해졌다. 조정의 도움

없이 전쟁을 독자적으로 수행해야 했던 당시 정황으로 볼 때 정걸은 초기 해전의 승리뿐만 아니라 후일 이순신 장군이 이끌 삼도수군통제영의 기초를 다지는 데에도 지원을 아끼지 않았다. 노장은 후방에만 머물지 않았다. 그는 현역 장수로 해전에 직접 뛰어드는 솔선을 보여줬다. 1592년 9월 1일, 적의 소굴인 부산포로 진격하여 100여 척의 왜적을 분멸하는 데 큰 공을 세웠다. 이런 노장의 분투를 지켜본 이순신 장군은 장계를 올려 "정걸은 80세의 나이에도 나랏일에 힘을 바치려고 아직도 한산도의 진중에 머물렀다"면서 "그에게 은사가 내려진다면 군사들의 마음이 필시 감동할 것이다"라고 치하했다.

정걸은 이후에도 공훈을 탐하지 않고 또다시 충청도 수군절도사로 부임하여 1593년 2월 행주전투에 뛰어든다. 평양에서 퇴각한 왜군 3만여 명의 병력과 권율 장군이 이끄는 3,300여 명 병력이 서로 밀고 밀리면서 대혈투를 벌이고 있을 때 권율을 결정적으로 도와주었다. 실록은 이렇게 그 당시를 기록했다.

그날 묘시에서부터 신시에 이르기까지 싸우느라 화살이 거의 떨어져가는데 마침 충청수사 정걸이 화살을 운반해 와 위급함을 구해주었다.

이처럼 정걸이 배를 몰고 달려와 화살을 공급해주지 않았다면 권율은 패전할 수밖에 없었을 것이다.

1595년 모든 관직에서 물러나 고향으로 돌아온 그는 2년 후 세상을 떠났다. 정걸의 충정은 아들 정연과 손자 정홍록에게 이어졌다. 이들 부자도 정유재란이 일어나자 의병을 일으켜 왜군과 싸우다 목숨을 잃어 임진과 정유 양란에서 삼대가 순절하는 투혼으로 조정과 백성들에게 귀감이 되었다. 그러나 안타까운 것은 삼대가 모두 목숨을 잃어 가세가 기울자 그들을 챙겨주는 이가 없어 나라로부터 시호조차 받지 못했다는 점이다. 그래서일까. 현재 그의 고향에 가면 작고 허름한 사당(안동사)만이 마을 안에 있고 그의 생가 터에는 교회가 서 있는 실정이다. 정걸의 유적지를 찾는 사람들을 위해 자그마한 표지석이라도 세워지길 기대해본다.

필자는 학자가 아니다. 그저 인문학이 좋고 역사에 관심을 가져 우리가 미처 신경 쓰지 못한 역사 속 영웅들, 특히 이순신을 도운 조력자 그룹에 대한 정보와 사료를 발굴하려고 애쓰고 있다. 그러다 보니 역사적 사료가 보여주는 사실만 정확히 고증하고 밝혀내는 학자들과는 입장이 다소 다르다. 이순신 조력자들의 업적을 찾으면서 현지를 방문해 보면 "아, 이래서 이렇게 되었겠다" 싶은 역사적 정황들을 느낄 수 있는 일이 많았다. 그래서 지금도 이순신과 그의 조력자들과 관련한 장소나 유적이라면 일정을 조정해서라도 반드시 찾아보고 있다. 그들이라면 이런 상황에서 이렇게 말하고 행동했을 것이라는 역사 추적을 그렇게 더없이 즐기게 됐다. 그리고 그 결과를 글로 옮기면서 '역사경영에세이'라는 새로운 장르를 발굴하기에 이르렀다. 이 글은 그렇게 하여 태어난 것이다. '역사경영에세이'의 첫 권인 《기업가 문익점》에 이어 두 번째 도전인 이번 책에 독자 여러분의 관심과 사랑을 기대한다.

윤동한

1부

위대한 만남

1장

발포만호에 부임한 이순신

이순신을 빼고 임진왜란을 이야기할 수 없고, 정걸을 빼고 이순신의 수군 활동과 판옥선, 거북선을 이야기하기는 어렵다. 노장 정걸과 31년 아래인 이순신은 과연 언제 처음 만났을까? 공식적인 기록으로는 이순신이 전라좌수사로 임명된 후 임진왜란이 발발하고, 정걸이 그의 조방장으로 기용되었던 때이다. 《임진일기》(1592년) 2월 21일자에 정걸의 이름이 나온다.

정 조방장도 와서 만났다.

이 짧은 한 줄 뒤에는 말로 다 표현할 수 없는 두 사람의 만남과 사연들이 숨어 있다. 공식적인 만남 이전에 이미 두 사람은 서로를 잘 알고 있었고 만난 적도 있었을 것이다. 그러지 않고서는 두 사람이 함께 전쟁에 참전해 피를 흘릴 이유가 없다.

그 출발점은 지금 고흥 땅에 있는 발포진성이라고 추측된다. 이순신이 발포만호로 임명되었던 1580년 7월에서 조금 지난 후다. 고흥의 정걸 후손들 가운데 일부는 이순신이 발포만호로 있을 때 정걸과 만났을 것이라고 추측하는 이들이 있다. 정걸이 주요 보직에서 잠시 보이지 않던 시절, 고향인 흥양으로 돌아와 발포만호에 있던 이순신과 마주쳤을 수도 있다. 역사적 사실을 들추어보니 그 말이 사실이라는 생각이 강하게 들었다.

이순신은 변방의 수비를 맡고 있었다고는 하나 수군으로서의 발포 근무는 처음이었다. 훈련원 봉사 시절 8개월, 다시 충청병사의 군관으로 해미에서 9개월을 보낸 이순신은 이때 비로소 남해안 최전방을 지키는 장수로 승진해 만호의 자리에 올랐다. 서른여섯이라는 비교적 늦은 나이였지만 장수로서, 지역 군장으로서의 역할을 수행하게 되어 보람도 있고 감개무량했을 것이다. 그가 근무를 명받은 곳은 전라좌수영 부대 가운데 최전선인 발포진성이었다.

발포진성은 성종 21년인 1490년에 축조되어 하삼도의 남해안

발포진성

외곽 해변 지역의 경계를 지켜내야 하는 중요한 요새였다. 당시 기록을 보면 이곳 발포진성은 남향으로 둘레가 1천 360척, 동서로 400척이며 남북의 넓이가 180척이라 했다. 또한 이곳에서 흥양현(고흥 읍성)까지는 동북방 32리, 북으로는 사량까지 115리였다고 한다. 지금의 수치로 추정해보면 둘레가 560미터, 높이가 4미터 정도이고, 동·서·남에 3문을 갖추고 성내에도 동서쪽에 우물 두 곳이 있어 포위되어도 거뜬히 버틸 수 있는 방어 태세를 갖춘 든든한 수성이었다.

조선 초기 성종은 왜구의 침입을 막고 수군의 길목을 지키는 요지로 이곳 말고도 고흥 녹도진성과 여도진성, 사도진성을 약 1년에 걸쳐 완공했다. 발포진성까지 합하여 4포를 완공한 것이다. 여기에 여수 돌산의 방답진까지 합해 5포라고 불렀다. 5포는 전라좌수영의 5개 해군기지로, 지금의 주소로 따지자면 여수 돌산(방답진)과 고흥 영남면(사도진), 점암면(여도진), 도양읍(녹도진), 도화면(발포진)이니 여수 돌산을 빼면 네 곳의 해군기지가 전부 흥양에 있을 정도로 이 지역 전체가 군사적 요충지였고 수군의 최전방 기지였다. 또 이 지역은 주로 내륙에 위치한 순천도호부, 낙안군, 보성군, 광양현, 흥양현을 합해 5관 5포를 전라좌수사가 지휘하는 체계를 갖추고 있었다. 그러니 이순신이 초년 장수 시절 발포만호를 거치지 않았다면 수군 경력이 없을 뻔했으니 전라좌수사의 탁월한 수군 전투 경력은 발포만호의 경험에서 비롯된 것이었다고 해도 과언이 아니다.

처음 이순신이 이곳에 임명되어 왔을 때는 음력 7월 초였다. 햇살이 눈부신 가을 초입, 바다는 푸르고 날은 청명하여 보기만 해도 배가 부르다는 고흥의 푸른 바다를 보면서 그는 자신의 우울한 마음을 달래고 있었다. 그것은 그가 가장 사랑하고 존경했던 친형 이요신이 갑자기 병을 얻어 세상을 떠난 지 다섯 달도 채 되지 않았기 때문이었다. 이요신은 어릴 때부터 영특하여 동학 사상에서 두각을 나타냈으며 훗날 영의정이 될 류성룡과 막역한 사이로 서로 우정을 나누던 탁월한 인재였다. 그는 일찍이 문신의 길을 걸어 초시에 급제했으며 덕수 이씨 가문을 빛낼 인재라며 어머니 초계 변씨가 그토록 기뻐했지만 병을 앓다 결국 불귀의 객이 되고 말았다. 이순신은 형 요신이 연을 맺어준 류성룡이 요직에 올라 선조 곁에 있는 것만을 위안으로 삼았다.

1580년 7월 이순신은 정9품 최전방 군관으로 시작하여 훈련원을 거쳐 드디어 종4품 수군만호가 되었다. 수군 장수로 발돋움할 수 있는 귀중한 경험을 쌓기 시작한 참이었다. 갖은 수고를 아끼지 않은 덕에 조정으로부터 믿음을 쌓아 발포만호직을 임명받기에 이른 것이었다. 이순신이 부임한 발포는 전라좌수영 소속으로 전라도 흥양 땅(지금의 고흥군 발포리 성촌 부락 일대)에 위치해 있었다. 그런데 이순신이 승진하여 발포로 들어오자 사람들은 수군거렸다. 그들 중에는 훈련원 봉사 시절 부당한 인사 문제로 서로 언성을 높인 적이 있는 이조정랑 서익도 있었다. 그러나 이순신이 어떤 위인인가? 한 번도 삼낭해본 적 없는 수군 자리에서도 기본과 원칙을 철저히 세워 군기를 엄히 다스려나갔다. 그가 임무를 시작하면 추호의 눈속임이라도 하거나 대충대충 일을 하는 사람은 버텨낼 수 없었다. 무슨 일에든 정성을 기울여 최선을 다하는 이순신의 현장 근무 철학은 이후 한 번도 어긋남이 없었다.

발포는 하늘이 내려준 선물이자 천혜의 요새였다. 바깥 바다에서 보면 자그마한 동산 같은 섬들이 첩첩이 가리고 있어 이곳에 포구가 있을 것이라고 짐작하기도 어려운 위치였다. 혹 왜구들이 들어와도 길을 잃고 헤맬 수밖에 없을 정도로 작은 섬들이 길목마다 자리하고 있어, 각 섬에 첨병만 잘 배치해 지형을 활용해도 누구든 막을 수 있는 요새이기도 했다. 흥양 현청이 있는 내륙에서 이곳을 넘어오려 해도 험준한 고개와 비좁은 산길로 이어져 왕래하는 이가 드물었다. 4포의 다른 진성으로 가는 길도 마찬가지로 험해 육로보단 차라리 뱃길이 편했기에 이곳은 마치 절해고도 같은 느낌이었다. 필자가 자동차를 타고 육로로 여도진성과 사도진성을 방문했을 때도 들어가는 입구를 찾지 못했을 정도다.

엄격한 군기를 세우다

이순신이 이곳 발포만호로 부임하여 18개월 동안 재임하던 당시에 눈에 띄는 몇 가지 사건들이 있었다. 고립무원의 섬처럼 보였던 발포진성은 감찰과 감독이 쉽지 않은 곳이었다. 이곳에 부임한 만호들은 마음만 먹으면 얼마든지 조정의 감시를 피할 수 있었고 심지어 지척에 있는 흥양현감도 마음 놓고 속일 수 있는 상황이었기에 군비나 전란에 대비한 물자 확보 등은 만호의 관심 밖이었고 오로지 토색질이나 횡령 유용에만 쏠려 있었다. 그래서 새 만호가 부임하면 군관들은 눈에 불을 켜고 만호의 성품을 파악하며 환심을 사는 데만 주력하곤 했다.

발포진성은 만호 한 사람 밑에 군관 25명이 상주로 교대 근무를 하는 체제였다. 장수가 8명, 무관직 32명, 잔심부름을 맡은 통인 9명, 군대와 함선을 지휘하는 사령 13명 등 합이 88명이나 되는 제법 큰 군사 조직이었고 성을 책임지는 관리를 포함한 관원도 많았다. 수군은 228명에 이르렀고 여기에서 176명의 전선 군병이 배를 탔다. 살수(화살을 쏘는 군사) 15명, 포수 34명, 화포장 10명, 군선의 운전을 맡은 타공 9명, 방패로 적의 화살과 총포를 막는 능로군 108명 등도 포함되었다. 이렇게 많은 직종의 군인과 관료가 함께 근무하니 통제가 쉽지는 않았으나 이곳 만호직은 수군 통수권과 행정 사법권을 동시에 장악하는 독립적 권력자의 자리였다. 기존 만호들은 군기시에서 감찰이라도 나오면 빼돌려놓은 군량이나 군 면제를 시켜주고 받은 재물로 뇌물을 써서 무마하고 급한 위기만 모면하는 식으로 임기를 채우다가 재물을 챙겨 타지로 떠나가곤 했다. 사리사욕이나 채우나 임기만 마치면 줄행랑치듯 달아나는 자리였던 것이다.

《경국대전》에 법제화된 만호의 수를 보면 경기도에 수군만호 5인을 비롯해 충청도 3인, 경상도 19인, 전라도 15인, 황해도 6인, 강원도 4인, 영안도(함경도) 3인과 평안도에 병마만호 4인이 있었다. 그 뒤 만호의 수는 제도 변천 등으로 증감이 이루어졌는데 이순신이 발포만호로 온 이유는 왜구의 침략이 심심찮게 나타나기 때문이었다. 그러나 당시 수군만호들은 왜구에 대한 경비나 대비보다 자신들의 안위를 지키기에만 급급했다. 조정에서 왜구의 발호를 염려해 전국 지방 관서, 특히 수비군 요새들에 우수한 장수를 선발해 보내려고 노력했음에도 실제 현장은 전쟁 대비보다는 장수들의 부패와 물욕으로 얼룩졌다는 것을 실록의 기록에서도 확인할 수 있다.

경연에서 유희춘이 시무책을 논하다

방금 민생의 폐단을 조정 신하들이 이미 다 아뢰었습니다. 수군이 첨사僉使와 만호에게 수탈을 당하여 지탱하지 못하고 도망가며 각 고을에서는 일족이나 겨린切隣* 또는 그들의 토지를 경작하는 사람을 침책**하여 드디어 온 동네가 텅 비기까지 했습니다. 신은 첨사와 만호를 중등이고 하등이고 간에 그중 청렴하여 군졸을 감싸고 사랑하는 자가 있으면 각기 포상하고, 수령에게도 그와 같이 하면 아마 징계가 되고 권장이 되어서 군민에게 조금이나마 혜택이 미치게 될 것이라고 생각합니다.

《선조실록》 1568년(선조 1) 2월 24일 기사

● 아주 가까운 이웃을 말한다.
●● 물품 수납에서 각종 트집을 붙여서 강요하는 것을 말한다.

유희춘柳希春은 《미암일기》의 저자로 유명한 호남 제일의 사림이다. 전라도 해남 출신이고 고조부가 만호를 지냈기에 남도 지역의 수군 상황을 누구보다 잘 꿰뚫고 있었다. 이 기록에서 유희춘은 오랜 유배 생활로 고생하다가 선조가 즉위하면서 정치와 군제의 개혁이 논의될 때 막 조정으로 돌아온 상태였다. 유배지에서 지방 관리와 군장들의 횡포를 뼈저리게 느꼈기에 이를 고쳐야 한다고 주장하고 나선 것이었다.

이순신이 부임하고 나서 발포의 관리들과 군장들의 상황은 놀랍게 달라지기 시작했다. 이순신은 기존 만호들과는 확실히 달랐다. 올바르고 정직하며 청렴하기로 소문난 그가 부임하자마자 발포진성과 만호 막사 및 인근 마을들은 발칵 뒤집혔다. 그는 군량을 관리하던 이를 불러 장부와 현물을 조사한 결과 매우 큰 차이가 생긴 것을 발견하고 곧바로 이 관리에게 장을 치게 했다.

관리와 군상들이 매를 맞아 달포씩 눕게 되었고 재물을 바치며 근무를 하지 않고 생업을 하던 불성실한 이들에게도 철퇴가 가해졌다. 삽시간에 벌집을 쑤신 듯 발포진성에 개혁이 일어났고 뒤뚱거리며 군사들이나 들볶아대던 군관들이 잔뜩 군기가 들어 아랫배를 힘껏 당기고 언제 불호령이 떨어질까 노심초사했다. 이순신이 부임하고 오래지 않아 발포진성은 엄정한 군기가 잡혀 조선 수군다운 정예 부대가 되어갔다.

2장

당대 최고의 수군 장수 정걸

발포의 임무를 하나씩 해결해나가던 신임 만호 이순신은 새로운 소식을 한 가지 듣고 가슴이 설레었다. 발포진성의 군기가 어느 정도 확립되었고 만호의 임무를 익히면서 무엇이 부족한지, 무엇을 더 채워야 할지 고민하던 이순신은 당시 조선에서 가장 영향력 있는 군의 대선배이자 경험 많은 노장이 고향인 흥양 땅에 돌아와 잠시 머물고 있다는 반가운 소식을 듣고 그를 찾아뵙기로 했다. 그가 바로 경상우수사를 지내다가 고향인 흥양 포두에 머물러 있던 정걸이다.

경상우수사는 경상우도 수군절도사를 지칭하는 말이다. 조선

조정은 오늘날의 해군 격인 수군을 조직해 바다를 지키도록 하면서 이들을 지휘하고 감독하는 사령관으로 수군절도사를 두었다. 이를 수사라고 부르기도 했다. 수사는 해안 방어가 중요했던 경상도와 전라도, 함경도에는 3명을, 경기도와 충청도, 평안도에는 2명을, 황해도와 강원도에는 1명을 두었다. 하지만 도의 우두머리인 관찰사나 육군 사령관인 병마절도사가 수군절도사를 겸하는 경우도 꽤 있어서 실제로는 하삼도에만 수사를 배치했다. 경상도와 전라도는 각각 2명씩, 경기도, 충청도는 각각 1명씩 두어 총 6명이었다. 경상과 전라에 우도, 좌도로 각각 두 명의 수사를 둔 것은 왜구의 침입이 잦아 이에 제대로 대응하기 위해서였다. 특히 전라도 지역은 지방 행정관이나 방어 태세로의 전환이 빠르지 않아 걸핏하면 왜구의 노략질이 일어나곤 했기에 수군절도사를 보내 군비를 보강하고 방어 태세에 만전을 기하도록 한 것이다.

수군절노사는 공식적으로 정3품 서반 무관직으로 각 도이 연해변에 위치한 진·포浦·보堡에 소속된 전선과 주장인 첨절제사(종3품) 및 우후(정4품)·동첨절제사(종4품)·만호(종4품)·권관(종9품) 등을 지휘, 통솔하는 무관으로서는 최고 직위였다. 정걸이 경상우수사를 역임했다는 것은 그의 능력이 그만큼 출중했다는 반증이다. 그런 그가 고향에 돌아왔다는 것은 흥양현감으로서는 보통 일이 아니었을 것이고 그 밑의 만호들로서는 더욱더 불편하고 황송스러운 일인 것이었지만 흥양이나 발포가 전라좌수사 관할이라는 점에서 직속이 아니라 다행한 점이 있기도 했다.

그럼에도 정걸은 당시 흥양이 배출한 최고의 장수이자 최고위 관료였기에 흥양인 모두가 그를 존경하고 우러러보았다. 특히 조상들 가운데 이름을 날린 이들이 적지 않았기에 정걸의 가문은 지역민들로부터 대대로 존경을 받아왔다. 이순신도 그의 이야기를 들은 적이 있어 늘 가까이에서 뵙고 싶어 했던 분이기도 했다.

정걸 가문의 내력

이순신이 정걸을 모르지는 않았으나 실제 발포로 와서는 그에 대해 보다 자세한 가문의 내력을 들을 수 있었을 것으로 생각된다. 사실 정걸의 가문은 이순신의 가문 이상으로 상당히 화려한 문과의 내력을 뽐낸다. 이순신 입장에서 이런 대선배를 찾아보고 그의 경륜을 배우는 것보다 더 좋은 학습과 훈련의 장은 없었을 것이다.

기록을 찾아보면 정걸의 본관은 원래 전라남도 영광이다. 관련 기록이 많지 않아 사가의 기록을 함께 살필 수밖에 없었는데 전해오는 가보에 따르면 시조는 당나라에서 대승상을 지낸 대양군 정덕성이다. 정덕성은 원래 당나라 사람으로 853년(신라 문성왕 13) 지금의 전라남도 신안군 압해면에 딸린 압해도에 유배되어 정착하였으며, 정씨의 시조가 되었다고 한다. 압해 정씨라고 부르는 이유가 여기에 있다. 그러나 가보를 정리할 때 우리나라 사람들은 당시 어느 가문이든 간에 한나라나 당나라, 심지어 공자까지 올라가는 족보를 만들어 가문의 우수성을 주장하곤 했는데 정걸 가문의 정덕성도 그런 왜곡이나 과장일 수 있다고 보는 경향이 일부 있다.

하지만 정걸의 후손들은 최근 중국에 찾아가 관련 사료를 뒤지다가 정덕성이 신라로 귀양을 떠난 증거를 찾았다고 주장한다. 필자는 아직 그 문헌을 직접 보지는 못했는데 이순신의 전쟁 기록을 찾다가 《압해정씨 창원파 월천공문중 5백년사》를 우연히 접하면서 시조 정덕성의 귀화를 확인할 수 있었다. 이에 따르면 중국 하남성 남양시 대한둔진에서 2킬로미터 떨어진 비양하 남쪽 정영촌丁營村이라는 마을이 있는데 이곳 고리비庫里碑에는 당하현 정부가 기록해놓은 정덕성의 기록이 지금도 남아 있다. 당하현 정부는 정덕성을 이렇게 기록했다.

정덕성 공은 당나라 때 대천리에서 태어나 원화 10년 진사에 급제하고 벼슬이 한림원 대학사에 이르고 부인의 성은 고 씨이다. 당 선종 대중 10년 계유에 신라로 건너가 압해도에 적을 두었다.

그 당시 중국에서 주요 격변이 일어날 때 우리나라로 망명 오는

정결과 정결 가문의 조상들이 모셔진 안동사 전경

중국인들이 꽤 많았다. 자료를 찾아보니 당송이 멸망할 때나 원나라 초기, 명나라 멸망 때 수천 수만이 한반도로 들어온 것을 알 수 있었다. 절강 편씨, 소주 가씨 등이 그 시절 한반도에 들어와 뿌리내렸다. 이 사실을 알면 정덕성의 후손들이 이 땅에 정씨 가문을 뿌리내렸음은 조금도 부자연스러운 일이 아니다. 정덕성은 선종에게 여러 번 간언을 하다가 미움을 사 54세 때 머나먼 타지로 보내졌다. 정덕성은 당나라 말에 유배되었고 후손들은 나주 정씨, 영광 정씨, 의성 정씨, 창원 정씨로 나누어졌다. 영광 정씨 가문은 고려 시대에는 무관으로 이름을 냈는데 무관을 지낸 정진과 그의 손자이자 공민왕 때 밀직부사와 서북면 병마사를 지낸 정찬이 선조들 이름에 올라 있다. 정진이 시조, 정찬이 그 뒤를 이어 가문의 이름을 알렸다. 특히 정찬은 성품이 너그럽고 도량이 있으며 무예가 뛰어나다는 평가를 받았다고 한다. 정걸의 선조 중에는 상춘곡으로 유명한 문신 정극인이 있다. 그는 정걸의 5대조이다. 호는 불우헌不憂軒이다. 교과서에 실릴 정도로 후세에 이름을 알린 분이다. 1401년(태종 1)에 태어나 1481년(성종 12)에 세상을 떴다. 그는 유학자로 1437년 세종이 흥천사興天寺를 중건하기 위하여 무리하게 토목공사를 진행하자 태학생을 이끌고 부당함을 항소하다가 왕의 진노를 사 북도北道로 귀양을 갔다 올 정도로 패기 넘치는 학자였다. 천하의 세종 앞에서 군주를 나무란 것이다. 그 후 처가가 있던 태인 땅으로 가서 집을 짓고 거처하며 집의 이름과 호를 불우헌이라고 지어 우리에게는 불우헌 정극인으로 알려져 있다. 성균관주부, 종학박사宗學博士를 지냈고, 사헌부감찰 및 통례문통찬通禮門通贊 등을 역임했으며 1472년 벼슬의 뜻을 접고 향리의 자제를 열심히 가르친 공으로 3품산관三品散官이 내려지자 이에 감격해 〈불우헌가不憂軒歌〉, 〈불우헌곡不憂軒曲〉을 지어 송축했다. 천상 선비의 삶을 살았던 것이다. 최초의 가사 작품으로 알려진 〈상춘곡〉과 단가 〈불우헌가〉, 한림별곡체의 〈불우헌곡〉 등을 지어 이름을 냈다. 뒤에서 다루

정걸 위패

겠지만 이순신은 태인현감을 지낼 때 정걸의 집안과 만난다. 정극
인은 이순신이나 정걸과는 한참 세대가 먼 윗대의 인물이지만 이순
신은 절로 그를 알게 된다. 후일 이순신은 정읍현감을 지내면서 태
인현감도 겸직했기에, 1년 4개월 동안 정읍과 태인을 오가면서 태
인의 자랑이자 자긍심이던 정극인을 제대로 기억하고 추모할 수 있

었다.

이순신은 이때 정걸의 선조인 불우헌 정극인의 존재를 확실히 각인했을 것이다. 그리고 그의 후손이 정걸임을 알았으니 영광 정씨 가문에 대한 정보를 충분히 접했을 것이다. '3대 진사는 한 도에서도 유례가 힘들다'는 말이 있었지만 정극인으로부터 증조부까지는 소과에 올라 학문하는 가문으로 이름을 알렸다. 흥양으로 이거한 정걸의 문중이 태인과 흥양에서 존경받는 가문이 된 것은 두말할 필요도 없다.

3장

유년 시절과 무과 급제

홍양으로 이거한 후 정걸의 가문은 변화의 바람을 맞았는데 그
것은 가계가 무과로 전환했기 때문이다. 홍양이 왜적을 막아내야
하는 지리적 요충지이자 최전선이기에 그랬을까? 정걸은 문과 가문
이었지만 무과로 지원하는 행보를 보인다. 무인으로서 정걸에 대한
역사적 사료는 생각보다 많지 않다. 그리고 그를 살필 수 있는 기록
은 그가 관직에 오른 이후가 아니면 거의 찾을 수 없다. 그러나 유허
비遺墟碑에는 그의 유년 시절 기록이 전해온다. 유허비란 선현의 자
취가 있는 곳을 후세에 길이 알리거나, 이를 계기로 그를 추모하기

위하여 세운 비라서 전해오는 이야기나 설화를 담고 있는 경우가 많아 역사적인 사료로 쓰기에는 부족한 감이 없지 않으나 고인의 생전 업적이나 성품을 살피는 데는 부족함이 없다.

그는 어릴 때부터 장난을 하더라도 항상 막대기로 땅에 그림을 그려 진을 치는 모양을 만들면서 자랐다. 어느 날 밤은 깊고 비가 내리고 있었는데 어떤 사람이 말하기를 "공은 마을 뒤 깊은 협곡에 들어가 초빈草殯 하나하나를 모두 셀 수 있겠는가?"라고 묻자 공이 말하기를 "초빈마다 콩을 한 개씩 놓아둘 것이다. 날이 밝을 때 확인해보면 알 것 아닌가?"라고 한 것이다. 곁에 의협심 강한 사람이 공에게 겁을 주고자 하야 샛길로 그곳에 가서 몰래 초빈 밑에 엎드려 있다가 공이 콩을 하나하나 놓는 것을 보고 거짓으로 귀신이 말하는 것처럼 '나에게 콩을 하나 더 달라'고 하자 공은 천천히 대응하며 말하기를 "이 바보야, 어찌 그리 무례한가? 네게 한 개를 더 주면 공평하지 못하지 않느냐" 하니 사람들이 모두 그의 배짱에 감복했다.•

의협심 강한 사람은 송희립이라고 묘비에 나와 있는데 이것은 오

• 최인선, 〈정걸 장군 관련 유적과 유물에 대한 검토〉, 141-142쪽에서 재인용.

기誤記이다. 정걸은 1514년생이고 송희립은 1553년생이다. 두 사람이 같은 시기에 이런 장난을 칠 정도의 사이도 아니려니와 연배도 맞지 않아 그 정도로 용감했다는 이야기를 하기 위해 붙여넣은 것으로 생각된다.

이 밖에도 서당을 열심히 다니던 정걸이 하루 결석을 하여 학동들이 찾아가보니 허리에 구렁이를 두르고 낮잠을 자고 있더란다. 아이들이 놀라서 소리 지르자 "내 허리에 두른 것은 구렁이가 아니고 용이다. 장차 내가 허리에 두를 갑띠이다"라고 했다는 이야기도 나온다. 모두 설화 형태로 전해오는 기록이라 사실성에 대한 검증은 할 필요도 없지만 어릴 적부터 정걸이 용맹하고 비상한 인물이었음을 보여주는 내용이다. 그와 관련하여 유물, 유적이 남은 것이 없어 안타까운 것이 사실이다. 현재 전해오는 정걸의 사료는 실화로 소실되고 남은 교지 34점과 《조선왕조실록》, 《난중일기》, 《견한잡록》 등의 자료에 언급된 것 정도이다.

필자가 이 책의 집필을 위해 고흥 향교 사무국장을 지낸 정걸의 후손 정종규 옹을 고흥군 면사무소에서 직접 만나 정걸의 이야기를 들어본 적이 있었다. 그의 이야기를 빌리자면 제법 전해오던 사료들이 식민지 시대 때 실화로 다 타버리고 교지 정도만 남았다고 한다. 이때 후손들이 정걸 장군이 쓰던 칼과 말 안장, 그리고 교지까지 여러 점을 들고 나왔는데 관리가 제대로 되지 못해 이마저 잃

정걸 교지 (소장: 국립진주박물관)

정걸 장군이 말을 타고 내릴 때 디뎠던 마석

어버리고 교지와 마석 정도만 겨우 남아 보관해왔고, 교지는 현재 관리 문제로 국립진주박물관에서 보관 중이라는 것이다.

부족한 사료와 전언 중에서도 정걸의 젊은 시절을 살짝 엿볼 수 있었다. 정걸은 1514년 12월 2일 증가선대부 형조참판 겸 동지의금부사 정승조와 증정부인 이씨 사이의 둘째 아들로 전라도 흥양현 길두리에서 태어났다.

그 생가 터는 지금도 있다. 그러나 그 지방의 교회 부지에 편입되어버렸다. 필자가 직접 찾아가보니 현재는 생가 터를 알려주는 안내판 하나 없이 교회만 덩그러니 서 있었다. 정걸의 출생지가 푸대접받고 있어 안타까운 마음을 금할 수 없었다. 부친 정승조가 벼슬자리에 추증된 것이 후일 정걸의 고위직 수행으로 인한 것이었는지 나라에 공로한 일 때문인지는 자세히 알 수 없다. 급제한 기록이나 흔적은 없지만 정걸의 품성을 미루어볼 때 그의 부친도 강직한 기개를 지닌 인물이었을 것이다. 전해오기로는 이런 가문의 바탕을 이어받아 정걸은 어려서부터 담력이 커서 큰 인물이 될 것을 짐작케 했다고 한다. 더 이상의 어린 시절 이야기는 전해오지 않지만 정걸은 1544년(중종 39)에 29세의 나이로 무과에 급제한다.

같은 해 4월 12일에 사량진에 변고가 발생했다. 통영에 있는 섬 사량도에 왜구들이 공략해 치열한 전투가 벌어진 것이었다. 사량도는 세 개의 섬으로 이루어진 곳으로 현재는 많은 관광객이 즐겨 찾는 곳이지만 당시에는 육지로 들어가는 관문과 같은 곳이라 왜구들이 노릴 만한 곳이었다. 이때 왜선 20여 척이 동쪽 어구로 갑자기 들어와 성을 포위하여 궁시弓矢 및 성에 올라가는 기구(공성 기구와 사다리)를 가지고 빙 둘러섰다. 실록에는 이때 군관 및 군졸들이 방포放砲하고 난사亂射하며 새벽 3시 반부터 오전 11시까지 서로 싸웠다는 기록이 있다. 화살을 맞고 죽은 왜인이 20여 인이었는데 모두 끌고 배로 올라갔기 때문에 목을 베지 못하고 단지 한 사람의 목만 베었으며, 낭자하게 자빠져 있는 왜인은 또한 수를 알 수 없었는데 이어 패하고 도망갔으나 바다가 어두워 추격하지 못했다고 기록되어 있다.

우리 군사는 죽은 자가 1인이고 부상한 자가 8~9인이었다. 성이 포위당했을 때에 이웃 진에 위급함을 알렸는데, 적량만호赤梁萬戶 김희장金希章과 소비포권관所非浦權管 금팽조 등이 이날 유시酉時에 비로소 왔고, 가배권관加背權管 남자용, 당포만호唐浦萬戶 김준, 고성현령固城縣令 봉귀달 등은 13일 평명平明 때에야 비로소 찾아왔다. 때늦은 대응이었다. 조정은 잠시 이 문제로 들끓었지만 별 후속 대책 없이 유야무야되고 말았다.

왜구의 기습과 그 대담함에 모든 백성과 관료가 놀랐으니 정걸도 이 소식을 들었을 것이 틀림없다. 무관으로 조국에 충성하려고 나선 그였으니 왜구 섬멸에 대한 적개심도 들끓었을 것이다. 그는

정걸 장군 생가 터

아마도 이때부터 변방의 적들에 대한 수비와 공격을 고민해왔을 것으로 추측된다. 그는 급제 후 자기 수련과 공직에 대한 충성으로 훈련원 봉사를 거쳐 선전관을 지냈고 1553년 서북만호를 지냈다. 서북은 고려 때 양계이던 북계를 고쳐 일컫는 말이라고 하는데 지금의 평안도 지역 어딘가를 가리키는 것으로 보인다. 변방의 수장으로 근무하면서 그는 조선 수군과 육군에 대한 정보를 익혔을 것이다.

4장

을묘왜변과 정걸의 활약

    정걸의 생애와 업적 중 역사저 사료로 남이 있고 눈길을 끌 만한 깃 중 하나는 을뇨왜변 때의 활약상이다. 을묘왜변이란 1555년(명종 10) 왜구가 전라남도 강진과 진도 일대에 침입해 노략질한 사건을 말한다. 원래 왜구들은 해적질을 일삼으며 주로 대마도에서 출발해 조선의 해안선 깊숙한 곳까지 쳐들어와 노략질을 해대곤 했다. 대마도는 고려 말기부터 조선 초기에 이르기까지 우리 주변 해안을 침략하던 왜구의 소굴이었다. 이에 세종은 왕위에 오르자마자 1419년에 대마도를 정벌했다. 그러나 이때 조정이 대마도를 쓸모없는 지역이라고 판단하여 병력과 관리 감독자를 철수시킨 것이 두고 두고 후환이 되었다. 당시 조선 입장에선 대마도가 계림 땅이었고, 강경책만으로는 후환을 근절시킬 수 없다고 생각하여 회유책으로 계해약조癸亥約條를 맺어 왜인들에게 배 60척으로 삼포* 에 와서 곡물을 받아가게 하였다. 이른바 세견선이었다. 그러나 세월이 갈수록 왜구의 횡포가 심해졌다. 을묘왜변은 그런 와중에 생긴 왜구의 침략 사건이었다. 삼포왜란 이래 조선 정부의 세견선 감축으로 어려움을 겪게 된 왜인들이 1555년 5월 11일 달량포(達梁浦, 지금의 전라남도 해남군 북평)와 이포梨浦 등을 침입하면서 시작된 사건이었다.

《명종실록》 5월 16일자에 전라도 관찰사 김주가 달량포에 왜선 70여 척이 침략해 왔다고 보고하는 장면이 나온다.

전라도 관찰사 김주金澍가 치계하기를 '5월 11일에 왜선 70여 척이 달량 밖에 와서 정박했다가 이진포梨津浦와 달량포에서 동쪽과 서쪽으로 나뉘어 육지로 상륙하여 성저城底의 민가를 불태워버리고 드디어 성을 포위했다' 하였다. 당초에 왜선 11척이 바다 섬 가운데 나타났다가 마침내 육지로 상륙하여 더러는 호각을 불며 불을 놓고 더러는 창을 휘두르며 칼을 빼들고 덤

● 제포薺浦·염포鹽浦·부산포富山浦를 말한다.

비므로, 가리포첨사加里浦僉使 이세린이 즉각 병사 원적元績에게 치보馳報하자, 원적이 장흥부사長興府使 한온韓蘊, 영암군수靈巖郡守 이덕견李德堅과 나아가서 구원하려고 달량으로 달려갔다가 포위되었다.

이 상황을 보면 처음에는 조정이 왜구의 침입을 그리 경각심을 갖고 살핀 것 같지는 않다. 지방군에서 처리할 수 있을 것으로 여겨 제승방략* 체제 대로 중앙군 소집을 요구하지도 않았다. 그러나 막상 전투를 시작하고 보니 한 떼의 도적이라고 여겼던 왜구가 정예군 이상으로 무장하고 침입해 왔고 창과 칼을 쓰는 폼이 예사롭지 않아 조선군은 속절없이 무너지기 시작했다.

원적은 1519년(중종 14) 무과에 장원급제하고 영흥부사·경상우도 수사를 거쳐, 전라도 병마절도사로 있었는데 왜선 70여 척을 끌고 왜구가 침입해 오자 항선하다가 성안에 양식이 떨어지면서 군민들의 목숨을 건지기 위하여 군사들로 하여금 의립衣笠을 벗게 하여 적에게 항복할 뜻을 보였다. 그러나 조선군이 보기보다 약체임을

● 유사시 적이 침입하면 그 주변 진에 있던 고을의 수령이 병사들을 이끌고 일정한 거점으로 집합하여 합동작전을 펼치는 일종의 분군법分軍法. 세조 때 완성된 진관 체제가 전국 방위망으로서 그 성립 기반이 지나치게 광범위하여 실제 방어에서는 오히려 무력하며 그 기능을 상실해가자 방어 체제를 변형하여 적용한 제도다. 중종 때 삼포왜란, 명종 때 을묘왜변을 겪으면서 시도된 전략이다.

알아차린 왜구는 성을 뛰어넘어 공격했고 마침내 원적과 장흥부사 한온을 살해하고 영암군수 이덕견을 잡아 조정으로 보내 군량을 내놓으라고 협박하기에 이르렀다. 이 상황을 실록 기사는 이렇게 한탄하며 당시를 기록했다.

태평한 지 오래되어 기율紀律이 해이해지고 흉년이 잇달아 군졸들이 지쳤는데, 내부에는 방략을 계획하는 신하가 없어 조정의 계책이 이미 틀어지고 외부에는 적개심을 가지고 침입을 방어하는 장수가 없어 변방의 수비가 안 되었다. 그러다가 왜구들이 갑자기 밀어닥치게 되자 중외*가 소란해져 모두들 어수선하게 두려워하는 생각만 품고 억제하여 막을 계책을 하지 못했다. 변방의 성들은 바라만 보고도 무너졌고 조정은 속수무책으로 앉아만 있었으며 대신들은 비록 날마다 비변사에 모였지만 계획하는 것 중 하나도 시행할 만한 방책이 없었다.

실록의 기자는 장수와 재상들이 국가에 변고가 없는 때에는 부귀영화만 누리다가 장기 대책은 세우지도 못하고 탐욕만 부린 탓이라고 지적했다.

---

* 中外. 나라 안팎.

외부의 오랑캐들이 쳐들어왔다는 변방의 경보가 이미 이르렀는데도, 조정에는 대신이 없고 외방에는 어진 장수가 없어 조치해갈 만한 계책을 내지 못하고 단지 전전긍긍하여 두려워하기만 하였다.

사신은 논한다. 국가가 태평한 세월이 오래이므로 임시 조치만 하는 행정이 많아 기강이 문란해지고 공도公道가 없어졌다. 백사*와 군읍郡邑의 관원들은 쓸데없이 자리만 지키고 있으면서, 오직 권세 있는 요로要路에 아부하여 좋은 벼슬에 올라가고, 뇌물로 아름다운 명예를 차지하는 짓을 하여 자기 한 몸을 위한 일만 할 뿐 국가의 일에 대해서는 소 닭 보듯이 하였다. 장수나 재상들은 직무에는 태만하고 항시 은혜는 갚고 원한은 보복하는 짓만 하다가 변방에 한 번이라도 풍진風塵이 일어나면 당황하여 어찌할 줄을 몰랐다. 내부에는 예비하여 빙어해갈 계책이 없고 외부에는 공격하여 싸울 만한 준비가 없으므로, 도적의 칼날이 향하는 곳마다 꺾이지 않는 데가 없어 무인지경에 들어오듯 하였으니 통탄스러운 마음을 견딜 수 있겠는가?

조선의 수장 둘이 피살당하고 한 사람은 잡혔다가 돌아오게 되

---

* 百司, 온갖 관리.

자 조정에선 난리가 났다. 그 당시 영암군수 이덕견은 목숨을 애걸하여 살아서 돌아왔는데 왜구가 그의 편에 글을 부쳐 '바로 서울을 범하겠다'는 모욕적인 말까지 하면서 군량미까지 요구하는 어이없는 일이 벌어졌다. 이에 조정은 방어사를 선임하고 왜란을 진압하기 위한 토벌군을 긴급 편성했다. 1555년(명종 10) 5월 18일 기사를 보면 전라도 순찰사 이준경이 임금 앞에 나와 절하고 왜변에 대처하는 계책을 아뢰는 모습을 볼 수 있다.

그전에는 변방의 환란이 있을 적에 진장鎭將이 살해된 적은 있었지만 주장主將이 죽은 일은 없었습니다. 신이 나주로 먼저 가서 군마를 점검하고 싶지마는 혹시 늦어질까 염려됩니다. 군관 김세명金世鳴과 정걸 두 사람을 숙배肅拜를 생략하고 먼저 내려보내 깊은 지역의 각 고을들로 하여금 미리 군마를 정돈하여 대기하도록 하는 것이 어떻겠습니까?

이에 명종이 놀라 급히 내려갈 것을 지시했다.

아뢴 대로 하라. 요사이 왜변이 이러하므로 위에서도 근심과 염려가 한이 없다. 이는 곧 그전에는 없던 변이니, 경이 가거든 마음을 다해 조치하여 승리할 계책을 마련하라.

이에 이준경은 군인들이 싸움에 나가서 물러서기만 하고 전투에 나가지 않으려 한 사실을 열거하며 '엄격하게 군법을 밝혀 한번 나아갔다 한번 물러섰다 하는 것에 있어서도 조금이라도 명을 어기는 자가 있으면 모두 한결같이 군율대로 하고자 합니다'라고 보고하면서 '날래고 용감한 군사 5백 명을 가려서 보내도록 명하소서' 하고 청하였다.

이준경, 정걸을 부르다

여기에서 전라도 순찰사가 된 이준경이 김세명과 정걸을 부르고 5백의 정예병을 붙여주는데, 그는 이미 이 두 사람을 잘 알고 있었을 것이다. 김세명은 진도 사람이다. 그는 진도군수로 있던 1554년(명종 9) 6월에 흑산도에서 왜인을 잡아 참하고 그 배를 나포하는 데 큰 공을 세워 상을 받았다. 용감하기로 조정에까지 소문난 장수였다. 그는 1555년(명종 10) 5월 군관으로 있나가 왜구의 침입이 시작된 달량포로 내려가 대비 상황을 점검하고 전투에 임했다. 그는 이 전투에서 공을 세우고 8월에 가덕첨사加德僉使가 되어 왜구 토벌에 참전했다.

앞서 살펴본 바와 같이 정걸도 1514년 전라도 흥양현(지금의 전라남도 고흥군 포두면 길두리 후동마을)에서 태어나 무과에 급제하고 훈련원 봉사, 선전관, 서북면 병마만호를 역임하다가 이준경의 눈에 띄었다. 그는 을묘왜변 때 해남, 강진 등지에 출몰한 왜구를 무찌르는 공을 세워 남도포만호가 되며 조정과 명종의 신임도 얻었다. 이준경은 실무에 전문적 능력이 있는 사람을 선호하였다. 그는 평안도 관찰사로 나갔을 때 고위직으로부터 한 인물을 참모로 써달라고 추천받았으나 이를 단번에 거절하여 조정 안에서 화제가 되기도 했다.

당시 이준경은 을묘왜변을 해결하기 위해 현지 사정에 밝은 인물을 발굴한 것으로 생각된다. 연전연패하는 현지 상황을 볼 때 지리적 이점을 모르는 군관을 보내면 승리하기 어려울 것으로 판단하고 진도 출신 김세명과 흥양 출신 정걸을 실무 전투 장교로 먼저 내려보내 형편을 살피게 한 것이었다. 사실 이들이 도착하기 전에 영암 쪽 전투 상황은 조선군의 패퇴 일색이었다. 영암군수 이덕견이 살아 돌아온 것이 보고되면서 현지 사정이 전해져 왔다. 당시 상황을 사헌부가 이틀 뒤에 이렇게 아뢰었다.

사헌부가 왜적이 살려 보낸 이덕견을
군법대로 치죄할 것을 아뢰었다

지금 전라도의 왜변 형편을 들어보건대 한번 성을 함락한 뒤부터 적들의 기세는 더욱 커지고 우리 군사는 태만하여 흩어진다고 하니, 이제 엄격하게 군법을 보여 나태한 마음을 분발하게 하지 않는다면, 필경에는 죽음을 무릅쓰고 적에게 나아가려는 사람이 없게 될 것입니다.

이덕견은 장수임을 내세워 살기를 도모하여 왜놈들에게 무릎을 꿇고 구차하게 모진 목숨을 보존하였는데, 도리어 적들의 사령이 되어 서계書契를 가지고 오기까지 하였으니, 오랑캐들 속에 있을 때에 무어라고 무상한 말을 하여 비굴하게 애걸했기에 적들이 부채와 서계를 주어 돌려보내었는지 알지 못하겠습니다. 바라건대 사람을 보내어 엄격하게 군법대로 시행하여 온 도의 장사들이 두려워할 줄 하는 바가 있게 하소서.

《명종실록》, 1555년(명조 10) 5월 20일 기사

이때 명종이 전투 중이라며 이덕견의 사형 시기를 늦추었으나 결국 이후 대신들의 의논에 따라 참형을 시키고 말았다. 한편 당시 수사 김빈金贇과 광주목사 이희손이 구원하러 들어갔다가 모두 패하여 도망하자 적들이 승세를 타고 각 진鎭에 마구 침입했으며 병영과 강진까지 위협하였으므로 지키는 장수들이 멀리서 바라만 보고도 놀라 도망치기 바빴다는 기록이 실록에 나온다. 왜구는 관아에 불을 지르고 군량과 군기를 모조리 약탈해 갔다. 장수들은 달아나고 백성들은 피할 곳을 찾지 못해 울부짖었다. 기가 막힌 것은 군

사들의 사기가 이미 떨어질 대로 떨어져 왜구가 장흥에 들어갔을 때는 성을 지키는 사람이 없어 바로 함락되었고 마을마다 쳐들어 간 왜구가 겨우 3~4명에 불과했는데도 수장이 도망쳐버리고 없으니 감히 대항하는 사람도 없었기에 연해의 진과 고을들이 모두 텅 비어버려 김세명과 정걸은 현지에 도착해 할 말을 잃었다.

영암 인근을 공격한 왜구들은 약탈한 재물을 소와 말에 나누어 싣고 영암 향교까지 쳐들어와 위판位版과 제기祭器를 망가뜨리고 촌락에 나와 노략질하며 오래 머물 계획을 세웠는데, 방어사 김경석은 겁내고 두려워하여 감히 나가서 싸울 계책을 하지 못하고 단지 성으로 들어와 자신만 숨어 있었다. 이때 눈여겨볼 만한 활약이 이준경의 형인 이윤경에게서 나타난다. 이윤경은 동생 이준경보다 출세가 늦어 전주부윤으로 임명받아 근무하고 있었다. 그의 형제 사랑과 조국에 대한 충성심은 동생 이준경보다 나으면 나았지 못하지 않았다. 이때 이윤경은 영암 최전선에 진을 치고 머무르면서 나가 싸우기를 청했다. 그러나 상관인 방어사 김경석은 겁을 내어 듣지 않았다. 군교들이 "만일 군사가 패하게 되면 혼자 죄를 받아야 한다"고까지 말을 하며 몇 번이나 청하자, 김경석이 할 수 없이 나가 싸우라고 허락했지만 자신은 여전히 군사들과 함께 성에 남아서 따라나서지 않았다. 그럼에도 부윤 이윤경은 휘하 군사들을 독려하여 전투에 나서 적의 머리 1백여 급을 베는 성과를 올렸다. 남은 적들은 군량과 재물을 버리고 도주했다. 전라도 순찰사 이준경은 자신의 형인 윤경이 아래의 직급으로 최전선에 나가 명령을 주고받는 것이 서로 불편하다 여겨 그를 전선에서 나오라고 지시했다. 그러나 이윤경은 원칙을 고수하는 충성된 인물이라 동생 이준경의 지시를 거절하고 죽기까지 싸워 공을 세웠다. 그 전투에 정걸이 투입되었다. 6월 1일 전라도 관찰사 김주의 장계에 그 정황이 담겨 있다.

전라도 관찰사의 장계를 보고
전주부윤 이윤경을 포상하도록 비변사에 이르다

전라도 관찰사 김주가 장계하기를,

"왜적들이 달량에서 성을 함락시킨 뒤부터 승승장구하자, 우리나라의 인심이 어수선하여 두려워하기만 하고 나가서 싸우려고 하지 않아 적이 처들어온다는 소식을 들으면 그만 흩어져 물러서려고 하므로 사세가 지탱하기 어렵게 되었습니다. 전주부윤 이윤경이 군사 3천여 명을 거느리고 영암에 진을 치고 지키면서 명령이 분명하고 은혜와 위엄을 다 같이 보이므로 성에 있는 군졸들이 한결같은 마음으로 호응하며 의지하여 믿었습니다. 순찰사 이준경이 나주에 이르러 형제간이라 절제하기 어렵겠다고 여기고는 영암에 이문移文하여 나오도록 했었는데,

이윤경이 '국가의 후한 은덕을 받았으므로 마땅히 죽음으로써 보답해야 하니 의리상 나갈 수 없다'고 답하고서 그대로 영암에 있으며 군사들을 진정시켰습니다. 왜적들이 성 밖의 민가들을 불태우고 장차 성을 포위하려고 하자 성안의 장사들이 서로 돌아보며 기색을 잃어 적들을 부술 계획이 없었습니다. 그런데 이윤경이 앞장서서 의리를 주창하며 거느린 정병을 뽑아내어 방어사와 함께 힘을 합쳐 참획하여 적의 기세가 크게 꺾였습니다. 대체로 방어하고 포획한 공은 오직 이윤경이 제일입니다.

《명종실록》 18권, 1555년(명종 10) 6월 1일 기사

이에 명종은 '이윤경이 힘을 다해 조치하였다니 매우 가상하다'며 '마땅히 포상해야 하니 이런 뜻을 비변사에 말하라'고 격려했다. 이때 이윤경은 자기 휘하 장수 중에 정걸의 묘책이 신기하고 큰 공을 세우는 데 도움을 주었다고 보고하는 기록이 나온다. 정걸과 이윤경은 죽음 앞에서 하나가 되어 왜적과 싸운 것이다. 이어 6월 12일 이준경이 녹도에서 왜적을 물리친 전황을 명종에게 보고했다.

녹도에서 포위를 푼 뒤에 왜선 28척이 금당도金堂島로 물러가 정박하였는데, 6월 3일 남치근南致勤이 병사·수사와 함께 전함 60여 척을 가지고 셋으로 나누어 60여 리까지 추격하자, 왜선

26척이 화살에 맞아 사세가 궁해져 먼저 패주하고 2척은 그 뒤를 막아주며 대항하였습니다. 우리 군사들이 난사하자 왜적들이 거의 모두 화살에 맞아, 한배에 합쳐 타고 1척은 버리고 도망갔습니다. 우리 군사들은 날이 저물어 그대로 돌아왔습니다.

이준경, 이윤경, 정걸, 김세명 등이 지휘하고 분전하면서 관군의 반격이 거세지자 왜구들은 점점 수세에 몰렸다. 여름이 지나면서 왜적의 세가 꺾이기 시작했고, 8월 15일이 되어서야 전라도 순찰사 이준경이 임금 앞에 돌아와 복명했다.

신이 5월 22일 나주에 도착하여 들으니, 병영은 18일에 이미 무너졌다고 했습니다. 그래서 김경석·남치근이 모두 영암성으로 들어갔는데, 신의 생각에 두 장수가 한 성에 있으면 서로 응원하는 모양이 온낭치 못하겠기에 23일 치근에게 군사를 거느리고 나오게 하였습니다. 때마침 적이 장흥으로 들어갔다는 말을 듣고 곧 장흥으로 가서 구원하게 하였습니다. 24일 치근이 영암에서 나와 면대하여 의논할 일이 있다고 하면서 장흥으로 가지 않고 먼저 나주로 왔습니다. 신은 명령대로 따르지 않은 것 때문에 화가 나서 입견을 허락하지 않고 엄중 힐책하였습니다. 그래도 치근이 면대하여 의논할 것을 굳이 청하므로 입견하였더니, 남치근의 병력이 적고 약하다는 것을 말하였습니다. 곧 병력을 더 주고 주야로 보고하게 하였습니다. 치근이 남평南平을 향하여 출발하였는데, 25일 새벽에 적이 영암성 아래에 크게 모였다는 말을 듣고는 곧 치근에게 장흥으로 가지 말고 남평으로부터 영암으로 가서 구원하라고 하였습니다.

이 전투에 정걸이 참전한 것은 앞에서도 말한 바 있다.

조안국趙安國은 23일 나주에 도착하였는데, 24일 병력을 더 주어 영암으로 나아가게 하였으나 도착하지 못하고 되돌아왔습니다. 그래서 병력과 장비를 더 주어 나주로부터 들어가 구원하게 하였습니다만, 영암의 접전에 대한 일은 처음부터 서로 통하지 못하였던 까닭에 두 장수가 모두 몰랐었습니다. 치근은 영원嶺院에서 적을 만나 10여 급을 베어가지고 돌아오다가 창흘원昌訖院에서 유숙했고, 안국은 중로中路에서 모산리毛山里에 적이 있다는 소식을 듣고 달려가 수색하느라 날이 저물어서 영암에서 20리 지점에서 진을 치고 유숙했습니다. 26일 두 장수가 비로소 영암에서 승전하였고 적의 무리가 패주하였다는 말을 듣고 강진의 뒷산 고개까지 추격하였으나 적이 이미 배에 올랐으므로 미처 추격하지 못하였다고 하였습니다. 그 후 녹도의 치보에 의해 적선이 본보本堡의 건너편에 나타났다는 사실을 알고 즉시 남치근과 조안국에게 달려가 지원하게 하였으며, 신도 보성으로 가서 지원하려 하였습니다. 그런데 또 적선이 나뉘어 우도右道로 향한다는 소문이 들어왔으므로 그대로 나주에 머문 채 중간에 위치하여 응원하였습니다. 그리고 김경석에게는 그대로 영암에 머물러서 우도를 방비하게 하였습니다. 적이 녹도에서 패배한 뒤에 또 적선이 백량白梁·보길甫吉 등에 많이 정박해 있다는 말을 듣고 즉시 병선을 모아 최호崔豪로 하여금 진격하게 하고 조안국으로 하여금 이어서 지원하게 하였으나 적은 이미 도망간 뒤였습니다. 적선의 수는 대개 50척에 불과하였습니다.

이 보고에서도 드러났듯이 드디어 적들이 물러가자 호남의 변방이 평화로워졌고 수습책을 강구하고 민심을 수습하면서 떠났던 백성들이 돌아오기 시작했다. 전쟁이 남긴 상처는 가혹했다. 집집마다 죽거나 다친 자가 많았고 가옥과 전답이 불타버려 한 해 농사를 포기해야 했다. 조정에선 그리 많지도 않은 왜구에 호남 변방이 도륙된 것에 놀랐다. 의정부가 소집되고 조선 수군과 육군의 약점이 무엇인지 그 원인을 찾기 시작했다.

한편, 명종은 왜구의 후원자인 대마도주를 상대로 무역 통제를 더욱 강화하면서 강경책을 썼다. 그러자 그해 10월 대마도주 소 요시시게宗義調는 당시 전라도를 약탈하고 만행한 왜구의 목을 잘라와 사과하며 세견선을 늘려달라고 간청해왔다. 왜구의 특성인 어려울 땐 바짝 엎드리고 강할 땐 인정사정없이 쳐들어오는 전략을 취한 것이다. 이때 보다 단호하게 무력으로 조치하든지 대마도주에게 왜구 근절책을 지속적으로 요구하든지 했어야 했는데 잠시나마 평화로우면 그대로 내버려두니 침략질이 끊이지 않았다. 조선은 대마도의 생활필수품을 수급하고자 식량 사정 등을 고려해 그들이 내왕 무역을 할 수 있도록 세견선 5척을 허용했으나 조선은 왜구에 끌려다니며 16세기 말에 이르도록 큰 전쟁에 대비하지 못하고 있다가 결국 전국 통일을 이룬 도요토미 히데요시가 임진왜란을 일으키면서 조일 양국 간의 통교는 파탄에 이르렀다.

정걸이 앞에서 본 대로 을묘왜변에서 활약한 것은 기록으로 입증되고도 남는다. 정걸의 무신으로서의 승진은 이때부터 본격적으로 시작된다. 이듬해 사간원에서 정걸에 대해 칭찬하는 글을 올렸다.

간원이 난리 중에도 폐농하지 말 것을
팔도의 감사에게 하교할 것을 아뢰다

전라우도 수사 최호는 왜적이 몰래 초도草島에 정박하였을 때 적의 선봉을 보고는 지레 겁을 먹고 후퇴하여 피하고 진격하지 않았고, 남도포만호 정걸이 홀로 진격하여 힘껏 싸워서 전선의 왜적을 전부 잡았습니다. 그런데 최호가 계문할 때에 공을 자기에게 돌려서 가선대부嘉善大夫에까지 올랐으므로 남방 사람들이 지금도 통분해하고 있습니다.

《명종실록》, 1556년 (명종 11) 2월 27일 기사

정걸은 명종에게도 그 이름이 제대로 알려지게 되었다. 그를 추천한 이준경으로서도 낯이 서는 활약이었다. 한편, 이순신은 발포만호로 근무하면서 자기보다 앞선 세대인 이준경과 정걸의 활약상을 자세히 들었을 것이며 그때부터 두 사람을 흠모하고 존경했을 것으로 보인다. 이준경과 정걸 이 두 사람은 후일 이순신에게 지대한 영향을 미치게 된다.

5장

이준경과 이순신, 그리고 방진과 정걸

시기적으로는 거슬러 올라가지만 이준경은 이순신의 삶과 무신으로의 전향에 강력한 영향을 미친 인물이다. 이준경은 여섯 살 무렵 연산군이 일으킨 사화를 입는 불운을 겪었다. 그의 조부 이세좌는 성종과 연산군의 총애를 입었으나, 연산군의 어머니 폐비 윤씨 사건이 비화하면서 폐비에게 사약을 가져다준 죄로 사사되고 그 가족들에게는 처참한 보복이 가해졌다. 이때 준경은 할아버지와 아버지, 아버지의 형제 넷을 잃었다. 그러나 두 살 위 형인 이윤경과 함께 고난을 이겨내고 중종반정 이후 가문이 복권되어 명예를 되찾아 열심히 공부하고 급제하여 영의정 자리까지 올랐다. 그는 그

때까지 없었던 조정 내 당파 싸움과 임진왜란이 일어날 것을 예견하였으며 이순신, 이원익, 정걸, 방진 등 임진왜란의 영웅들을 발굴해낸 통찰력의 대가였다. 이준경이 좌의정으로 있을 때는 아마 이순신의 나이가 스무 살 정도 되었을 때라고 생각된다. 1565년경에 이순신은 방진 군수의 딸 방태평과 결혼을 하게 되는데, 이 결혼을 주선한 이가 바로 이준경이었다. 이준경이 어떻게 이순신을 알았는지는 사실 역사의 수수께끼로 남아 있다. 추측컨대 청년 이순신에 대한 정보를 어디선가 들었을 수도 있고, 이순신의 할아버지 이백록과 인연이 닿았을 수도 있다. 서울에서 이순신이 청년들을 가르치던 것을 이준경이 보고 그를 기억해둔 것이라는 설도 있다. 어쩌면 정걸이나 방진군수가 이순신에 대한 정보를 먼저 듣고 이준경에게 전했을 수도 있다. 그 어느 것도 확실하지는 않다. 어쨌든 이준경, 정걸, 방진 이 세 사람은 이순신과 밀접한 인연을 맺고 훗날 이순신을 적극 껴안고 도와주는 스승이자 멘토가 되었다. 이순신을 가장 앞서 도와준 이는 역시 이준경이었다. 이순신을 기특하게 보고 그의 장래성을 내다보았던 것이었다. 그리고 보성군수 방진의 외동딸과 인연을 이어줘 결혼하게 함으로써 처가의 든든한 재력을 바탕으로 방진의 뛰어난 활 솜씨, 그리고 무인으로서 품성을 익히게 도와주었다. 나이순으로 이들을 배열해보면 이렇다.

이준경 (1499~1572년)

정　　걸 (1514~1597년)

방　　진 (1514~15??년)

이순신 (1545~1598년)

　이준경과 이순신은 무려 46년의 나이 차가 난다. 그런데도 좌의
정까지 오른 이준경이 일개 서생이던 청년 이순신을 중매 선다는
것은 이루어지기 어려운 일이었음에 틀림없다. 그 사이에 정걸과 방
진이 또 끼어 있다. 이 난해한 조합이 왜 이루어졌는지 우리는 알 길
이 없으나 한 가지 확실한 것은 있다. 통찰력과 예견력이 뛰어난 이
준경이 장차 다가올 전란에 대비해 유능한 인물을 하나둘씩 조정
으로 거둬들였다는 점이다. 하늘이 조선의 백성을 불쌍히 여겨 배
려를 해준 것이 아닌가 싶기도 하다.
　방진은 보성군수를 역임한 조선의 무관으로, 이준경과 함께 을
묘왜변에 참전했을 가능성이 높다. 정걸과 방진은 동갑내기였고 정
걸은 수전의 강점을, 방진은 육전의 강점을 가져 서로 보완이 가능
했다. 안타까운 것은 방진에 대한 기록이 거의 남아 있지 않다는
점이다. 방진의 본관은 온양으로, 을묘왜변이 일어났을 때 이준경
이 도순찰사로 발령을 받아 전라도로 내려가기에 앞서 김세명과
정걸, 그리고 방진을 발탁해낸 것으로 추측된다. 정걸과 방진은 동

년배로 금방 친구가 되었을 것이다. 이 네 사람 중 먼저 알게 된 이는 이준경과 방진이었을 것으로 보이는데 방진은 제주현감을 지냈다는 기록이 있어 필자가 제주목사 명단을 뒤져봤지만 기록으로는 나타나지 않았다. 보성의 방진관 관계자에게 물었더니 제주에 잠시 머물며 목사로 일한 적은 있었는데 정확한 기록은 남아 있지 않다고 했다.

방진은 1514년 충청도 온양(지금의 충청남도 아산시 염치읍)의 온양 방씨 집안에서 태어나 아산의 부호이자 양반가로 널리 이름을 얻었다. 방진의 할아버지는 평창군수를 지낸 방흘方屹이고, 아버지는 영동현감을 지낸 방국형이다. 방진의 가문에 3대 군수 지방관이 나온 셈이니 대단한 가문이라 하겠다. 전하기로는 조선조 명궁으로 중종 조에 무과에 등과했다고 하는데 22세인 1535년 관직에 임명되었고 후일 제주목사로 부임했다가 1537년까지 근무했고 이후 보성군수를 역임한 것으로 알려져 있으나, 이는 사가의 기록으로만 확인이 된다. 보성의 방진관에서는 이준경과 이순신의 사이를 이렇게 기록해 설명하고 있다.

방진은 광주인廣州人 이준경과 동문수학을 했으며, 이준경이 병조판서로 재직할 때 그의 휘하에서 근무했다. 이준경은 이순신이 10대 중·후반 때 서울 친구들에게 한문 공부를 시키는 것을 우연히 발견하고 그에게 관심을 가졌다. 이순신은 21세가 되던 해인 1565년에 방진의 딸 상주 방씨와 결혼했다. 당시 병조판서였던 동고東皐 이준경이 적극적으로 중매를 섰다.

이 기록에서 이준경이 병조판서일 때 이순신을 중매했다는 기록은 믿기 어렵다. 필자가 동고의 유고집을 살펴보니 그는 1555년이나 그다음 해에 병조판서가 되었다. 그리고 1560년에 좌의정에 올랐다. 이후 1562년(명종 17)에 형 이윤경이 평안감사로 나갔다가 현지에서 순국하자 형의 상을 치르며 3년을 칩거했다. 그리고 1565년에 영의정이 되니, 같은 해에 이순신을 결혼시키려면 1~2년 이전이어야 하기 때문에 좌의정 때 중매를 선 것이 맞다고 보는 것이다. 또 이준경과 방진의 나이 차이가 15년 이상 났기 때문에 동문수학했다는 기록도 믿기가 어렵다. 아마도 이준경의 오랜 봉직 기간 중 초기에 방진이 그의 수하로 일하지 않았나 싶다. 그때 방진의 딸 이야기를 들었고 마침 이순신이라는 청년에 대해 이야기를 들은 터라 두 사람을 장인과 사위로 자연스레 맺어줄 수 있었을 것이다. 그리고 여기에 정걸이 자연스럽게 끼어들었고 세 사람이 모두 이순신을 돕는 조력자로서의 삶이 펼쳐진 것이다. 방진관의 기록을 더 살펴보자.

이순신은 병조판서 이준경의 적극적인 추천에 힘입어 방진의

보성 방진관

딸과 결혼할 수 있었다. 당시 방진은 충청도 온양 지역에 경세
적 기반을 갖고 있던 큰 부자였다. 방진의 데릴사위가 된 이순
신은 그의 정신적 격려와 경제적 후원 속에 1566년부터 무과
시험을 본격적으로 준비했다. 방진은 이순신에게 병학과 무술
을 가르쳤고, 딸인 방씨 부인은 이순신이 무술을 교습할 때 교
관으로 도왔다. 방씨 부인은 무장인 방진을 닮아 무예가 출중
한 여인이었다. 밤마다 사람들이 안 보는 숲속에서 남편 이순
신의 무술 상대가 되어주었다. 이순신은 방진의 격려와 경제적

후원으로 10년 만인 1576년 2월에 치러진 무과 시험에서 급제했다. 예로부터 활 잘 쏜 장군을 선사善射라 하였는데, 조선 선조 대의 명 궁사로 방진의 이름이 있다고 한다.

《이충무공전서》의 〈방부인전〉에 방진의 활 솜씨에 대한 내용이 있는데 그 내용은 다음과 같다.

어느 날 방진의 집에 화적火賊들이 안마당까지 들어왔다. 방진이 화살로 도둑을 쏘다가 화살이 다 떨어지자 딸에게 방 안에 있는 화살을 가져오라고 했다. 그러나 도둑들이 이미 계집종과 내통해 화살을 몰래 훔쳐 나갔으므로 남은 것이 하나도 없었다. 이때 영특한 딸이 베 짜는 데 쓰는 대나무 다발을 화살인 양 다락에서 힘껏 내던지며 큰 소리로 "아버님, 화살 여기 있습니다" 하고 소리쳤다. 방진의 활 솜씨를 두려워했던 도둑들은 화살이 아직 많이 남은 것으로 알고 곧 놀라서 도망갔다. 방진의 딸은 슬기롭고 영특했던 것으로 전해진다. 이순신 장군도 슬기로운 방씨 부인의 인품에 감화되어 부인의 덕을 칭송하였다.

(중략)

방진은 통훈대부通訓大夫(정3품)로, 부인 남양 홍씨는 숙인淑人으로 증직되었다. 방진의 묘는 충청남도 아산시 염치읍 백암

리 현충사 인근의 방화산에 부인인 남양 홍씨와 함께 있다. 방
진의 묘비는 방진의 외후손인 덕수德水 이씨 전교典敎 이종국
이 지었다.

이순신은 중매자였던 동고 이준경의 추천과 장인 방진의 격려 아
래 문과에서 무과로 방향을 바꾸었고 결국 가장 중요한 전쟁에 대
비, 완벽하게 준비된 인재로 나설 수 있었다.

6장

이순신과의 위대한 만남

정걸의 가문이 무과로 전환한 것과 이순신의 가계가 무과로 전환했다는 점에서 두 사람의 가문이 아주 비슷한 특징을 갖고 있었다는 정황이 발견된다. 정걸의 부친이나 조부의 등과에 대한 기록이 별로 없어서 확인하기는 어려우나, 일단 무과 급제 기록은 없다. 정걸이 실질적인 무과의 길을 연 것이다. 이순신도 부친의 급제 기록이 없다. 이순신과 정걸의 부친 두 사람 모두가 벼슬을 했다는 기록은 나와 있지만 무과 급제의 기록이 없고 뚜렷한 업적도 없다는 것은 결국 정걸과 이순신 두 사람이 가문을 드높인 당사자였다는 것을 알게 해준다. 이 부분에서 두 사람이 서로 동병상련의 위로나 동질감을 느낀 것은 아닐까 싶기도 하다. 31년의 나이 차를 극복한 배경에는 문과에서 무과로 전환한 두 사람의 공통점이 끈끈하게 작용했을 수도 있다.

한편 정걸은 이순신의 사람됨에 대해 듣고 놀라움을 금치 못했다. 자신보다 한참 후배였지만 발포만호로 부임하자마자 엄정한 군기를 잡고 훈련에 매진하는 모습을 보며 감탄했다. 이순신은 이순신대로 한참 아래의 후배로서 정걸의 현장 전투 경험과 조직 운영에 대한 경륜을 배우고 싶었을 것이다. 정걸이 이순신을 만났을 때그는 이미 야전 군인으로서는 가장 고위직에 올라 있는 상황이었다. 경상우수사는 수군의 최고직이었다. 물론 이순신도 삼도수군통제사 자리에 오르지만 그것은 한참 후의 일이다. 발포만호 시절 흥양에 머물던 정걸을 찾아간 이순신은 이런 부탁을 했을 것으로 생각된다.

"저는 발포진성을 잘 다스려 수군 최고의 전략 기지로 만들어 놓고 싶은 욕심은 있으나 사실 수군이 처음이라 군선에 대한 용어부터 선소와 전선 관리, 수군 양식과 군사 부품과 수선 등의 용어도 아직 서툴러 제대로 아는 것이 없습니다. 우수사께서 제게 지혜를 주시고 아시는 대로 이곳을 다스릴 방도를 알려주시기를 간절히 청원합니다."

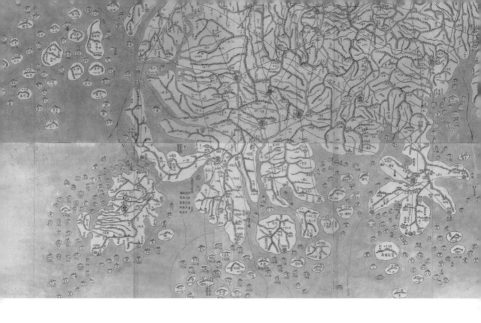

정걸은 흥양 포두면 출신이다. 어릴 적부터 흥양의 구석구석까지 잘 알고 있었고 남해안 일대에 위치한 흥양의 지리적·군사적 요충지로써의 역할과 쓰임새에 대한 남다른 식견을 가지고 있었다. 이런 능력은 이미 을묘왜변에서 충분히 입증되었다. 그리고 자신을 찾아온 신임 발포만호 이순신을 흐뭇하게 바라보며 그에게 충고해주었을 것이다. 그는 흥양 지도를 내 보이며 이순신에게 수군만호의 임무를 충분히 가르쳐주었을 것이다.

"여기 지도를 잘 보시오. 흥양은 여기 발포진성보다는 훨씬 내륙에 위치해 있어 외부의 적들, 특히 왜구가 침략하는 것을 제

〈동여도東輿圖〉(소장: 한국토지주택공사 토지주택박물관)

일 먼저 발견하기엔 힘든 것이 사실이오. 하지만 신임 만호가
맡은 발포진성이 있어 진성이 흥양현의 눈과 발이 되어주니 다
행이라 하지 않겠소?"

정걸은 이날 자신이 직접 그린 지도 한 장을 꺼내 탁자 위에 펼쳐
놓고 흥양의 4포 지역에 대한 자신의 식견을 펼쳐 보였을 것이다. 이
지도는 흥양현의 전략적 정보가 모두 담긴 지도였다. 정걸은 지도 위
에 그려진 요충지들을 조목조목 짚으며 이순신의 눈을 열어주었다.

"잘 보시오. 여기 발포만에 들어오는 조수 간만의 차이가 제법 심해 적선이 함부로 들어오기 어렵소. 발포로 들어오는 입구에 화섬이 앞을 가리는 것도 천혜의 이점이오. 바로 뒤에 유주산이 높이 서 있는 것은 또 어떻소? 이 산이 발포진성 뒤에 자리 잡고 있어 흥양 바깥 바다 사방팔방이 한눈에 보이니 이 또한 하늘이 내린 복이오. 유주산 산봉우리 봉화대에서 봉화를 올리면 뒤이어 천등산과 마복산, 팔영산, 월악산을 거쳐 보성, 순천 등 5관과도 단박에 이어져 군사적 요충지의 역할을 맡아 할 수 있는 곳이오. 이렇게 좋은 곳에 있으면서 만호들이라고는 내려오는 족족 제 배 채우기만 급급하고 나라 걱정은 안중에도 없더니 이 만호가 부임하고 나서는 제법 군기가 서고 군령이 엄해져서 이제야 군대 같고 요새 같은 느낌이 나는구려. 모두가 이 만호 덕분이오."

이순신은 머리 숙여 감사를 표했다.

"과찬이시옵니다. 그저 맡은 바 임무를 제대로 수행하려고 노력했을 뿐입니다. 우수사께선 이곳에서 어떤 것을 추가로 준비해야 할지 혹시 생각나시는 점이 있으십니까?"

"그리 말씀하니 내가 오래전에 생각해둔 곳이 있어 한 말씀 드

72

여수 선소 굴강•

리리다. 여기 발포에서 서쪽으로 선재바탕을 넘어가면 꽤 괜찮
은 선소船所가 하나 있소. 제대로 개보수를 하지 못해 어술하
고 부실한 것이 사실이오. 만에 하나 전쟁이라도 나면 이곳은
절대 포기하지 말고 개보수를 해서 판옥선 같은 전선들을 증
산, 건조하고 화포 훈련과 군선 배치 훈련을 할 만한 곳이니 잊
지 마시오. 바닷물이 깊숙이 내륙으로 들어오고 잔잔한 물가
를 이루고 샛강이 길게 들어와 계곡 맨 안쪽까지 전선이 몇 척

• 조선 수군은 선박의 건조, 개보수를 선소에서 해왔다.

이라도 숨어들어올 수 있는 요충지이기 때문에 적들은 절대 이 곳에 전선이 있을 것이라고는 생각도 못 할 것이오."

"진성 앞에 있는 굴강에도 예부터 전해오는 선소가 있어서 지 금 개보수를 명해놓고 있습니다만…."

"발포진성 앞 굴강 말이오? 거긴 좁고 입구에 화강암이 버티고 있어 전선의 출입이 쉽지 않소. 선박의 개보수는 괜찮지만 두 척만 들어가면 운신이 어려우니 폭넓게 활용하기는 어렵지 않 겠소?"

정걸은 지형지물과 산세, 계곡과 물의 흐름, 만조와 간조의 시기까 지 모조리 꿰뚫고 있는 데다 전라우수영, 전라좌수영의 요충지들 을 죄다 파악하고 있어 이순신으로서는 저절로 머리가 숙여졌다.

"빠른 시간 안에 또 오시오. 나와 흥양현을 함께 둘러보고 발 포진성뿐 아니라 4포의 만호와 진성을 함께 살펴볼 기회를 가 집시다. 나는 몸이 좀 추스려지면 금방 다시 임지로 나갈 것이 오. 그 전에 여기 출신인 내가 해드릴 것이 있을 것이오."

이 가상 대화에서 정걸이 말하는 선소는 현재 고흥군 발포면 사덕리 덕흥부락에 있다. 필자가 직접 방문해보니 지형으로 보아도 내항 깊숙이 위치해 있어 천혜의 선소였음을 알 수가 있었다. 썰물일 때는 앞에 강만 흐르고 강가에 용섬이 우뚝 서 있으며 밀물에는 바다로 변해 만조 때 이 용섬이 등대 같은 역할을 해서 배를 불러들일 수 있었을 것이다.

지금은 모두 간척이 되어 흔적을 찾을 수 없다는 점이 몹시 안타깝지만 선소 뒤쪽에는 도제산에서 선재바탕으로 이어지는 제법 산세가 높은 산등성이가 길게 이어지고 발포와는 등을 맞대고 있어 풍치도 더할 나위 없이 좋다. 바닷물이 들어오는 입구는 앞에서도 이야기했듯이 화섬이 가로막고 있어 밖에서는 들어오는 물길이 전혀 보이지 않고 앞에는 유주산의 산봉우리에 봉화대가 있어 군사기지로 안성맞춤이었다. 그러니 아무리 큰 배도 만조 시에는 배를 띄울 수가 있었을 것이다. 정걸이 이야기한 덕흥 선소가 바로 이런 장점을 갖고 있었다. 이곳이 전라좌수사로 부임한 이순신이 1관 4포 초도순시때 흥양전선소를 언급하던 지역일 가능성이 높다고 본다. 김정호의 〈동여도〉에도 발포 옆 선소 위치가 선명하게 그려져 있다.

한편 이순신은 발포에서 정걸과 헤어지기 전에 정걸을 다시 만나러 갔을 것이고, 그 전후로 흥양에 위치한 1관 4포에 대한 모든 정

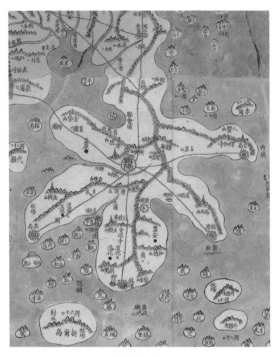

옛 홍양 지도

보를 익힐 수 있었을 것이다. 녹도, 발포, 사도, 여도의 지리적 이점
과 수군을 활용하는 법, 적을 피하는 요령, 물길과 배를 다루는 요
령 또한 얻었을 것이다. 여기에 육지에서 육로로, 각 진으로 접근하
는 방법부터 작은 배들로 각 진에 들어가는 방법, 4포 앞바다에 점
점이 널려 있는 작은 무인도들을 첨병 기지로 활용하는 방법, 물때
와 물길의 깊이까지도 이순신은 소중하게 배웠을 것으로 생각된다.

필자가 이렇게 장담하듯 추측하는 것은 훗날 이순신이 전라좌수사가 되었을 때 정걸이 가르쳐준 1관 4포의 요새와 방어 상황을 그대로 답사하고 오는 장면이 나타나기 때문이다. 1592년 2월 19일 전라좌수사 이순신은 혹시 일어날 전란에 대비하기 위해 8박 9일 동안 초도순시를 나간다. 전시 동원 체제인 제승방략체제가 제대로 작동하는지 점검하기 위해서였다. 2월 19일부터 27일까지 장기 순시 지역 중에 제일 먼저 택한 곳이 홍양이었다는 점을 주목할 필요가 있다.

2월 19일 : 맑았다. 순시를 떠났다. (이하 중략) 배를 탔다. 여도에 도착했더니 영주(흥양)현감 배흥립과 여도권관(김인영)이 나와서 맞이했다. 방어 준비를 하나하나 확인하고 점검했다.

2월 20일 : 맑았다. 아침에 각 항목의 방어 준비와 전선을 점검했는데 모두 새로 만들었다. 군기물 또한 모두 조금은 완전했다. 늦게 홍양에 도착했다.

2월 21일 : 맑았다. 주인(배흥립)이 자리를 깔아놓아 훈련용 화살을 쏘았다. 정 조방장(정걸)도 와서 만났다. 황숙도(능성현령)도 왔다. 같이 취했다.

홍양전선소로 추정되는 곳

홍양전선소로 추정되는 곳을 가리키는 덕흥선소길 표시판

2월 22일 : 녹도로 갔다. 먼저 흥양전선소에 도착했다. 직접 배
에 필요한 물건들을 점검했다. 그대로 녹도로 갔다. 바로 봉우
리 꼭대기에 새로 건축한 문루로 올라갔다. 만호(정운)가 온 정
성을 다한 것이 모든 곳에 있었다.

2월 23일 : 흐렸다. 늦게 배를 출발시켜 발포에 도착했다. 비가
아주 많이 쏟아졌다. 발포에 들어갔다. 해는 이미 저물었다.

《난중일기》

발포를 떠난 지 10년, 48세가 되던 해에 발포를 다시 방문한 이순
신의 감회는 남달랐으리라. 1년 6개월의 발포 근무 기간에 정걸로
부터 수군의 모든 질서와 체계를 배운 그로서는 발포가 그의 고향
처럼 느껴졌을 수도 있겠다. 그래서 그는 1592년 2월 23일 발포 방
문을 이렇게 남겼다.

發船致鉢浦 逆風大吹 周不能行 難到城頭 下船馬行
雨勢大作 一行上下 盡濕花雨 入鉢浦 日己暮矣

배를 타고 발포로 가는데
역풍은 불고

배는 나갈 수가 없어
어렵게 성 머리에 이르러
하선하고 말을 타고 돌아가니
큰비가 내려
동행하는 모든 이가
꽃비에 젖었고
발포에 들어서니
날이 이미 저물었더라

음력 2월 23일이면 남쪽 바다에 완연한 봄 바다 내음이 깔려 있을 때다. 요즘 같으면 진해에선 군항제를 할 때다. 이순신은 이날 빗속에 순시를 강행하면서도 발포의 추억과 봄 내음에 젖어 꽃비라고 썼다. 그에게 그렇게 느껴졌단 말이다. 이순신의 발포 사랑이 느껴진다. 박종평 작가는 이순신의 세심한 언어적 표현을 감탄하며 이에 대해 이렇게 표현했다.

《난중일기》 원문을 읽다보면 비에 관한 다양한 표현이 기록된 것을 알 수 있다. 비의 형태나 굵기, 내리는 시점, 기상의 변화까지 자세히 기록하고 있다. 그냥 조금 내리는 비는 우雨, 하루 종일 계속 내리는 비는 우우雨雨, 이슬비인 소우小雨, 많이 내리는

발포진성 앞바다 전경

큰비인 대우大雨, 가랑비인 세우細雨, 보슬비인 쇄우灑雨, 안개
비인 언우煙雨, 소나기인 취우驟雨, 폭우暴雨, 장맛비인 음림陰
霖과 임우霖雨, 궂은비인 음우陰雨, 큰 바람이 불고 비가 내리는
대풍우大風雨, 때 아니게 내리는 궂은비 혹은 자주 내려 괴롭히
는 고우苦雨가 나온다.

비가 내리는 모습도 (이렇게) 다양하게 기록했다.*

• 《일요서울》 미디어그룹 [박종평 이순신이야기, 해설 난중일기-40], '꽃비花雨에 젖다' 중에서.

사도진성 표지판

사도진성에 일부 남은 석축

여도진성 안내판

이후 일정은 사도와 개인도, 방답진 등이었는데 사도의 방어 준비가 제대로 되지 않아 한탄하는 한편, 첨사 김완을 잡아들이도록 한 기록도 나타난다.

이순신은 조금도 주저하지 않고 사전에 1관 4포의 점검 일정을 짜놓고 하루 만에 각각의 진을 살핀 후 곧바로 성실한 곳과 불성실한 곳을 금방 가려내어 상벌을 내리는 모습을 보였다. 정걸이 안내하고 가르쳐주었을 것이라고 추측하는 이유가 이 일기에 있다. 처음 가는 곳이라면 이렇게 일사천리로 점검하기가 어려울 것임은 당연한 일이다. 그러나 숨 쉴 틈 없이 점검 방문을 하고 배를 타거나 말을 달려 초도순시를 끝내는 장면을 생각해보면 발포만호 시절 각 요새의 장단점, 지리적 이점 등을 충분히 익힌 덕분이라는 점을 상상해볼 수 있다.

이순신이 원균의 칠천량 패전 이후에 삼도수군통제사로 재임명되어 명량대첩을 승리로 이끌고 수군을 화려하게 재건한 것까지도 발포진성과 흥양에서 대선배 정걸로부터 전수받은 경험을 귀중하게 활용한 결과라고 생각된다. 정걸의 충고와 격려가 큰 도움이 된 것이다.

아쉬운 이별

다시 한참 전으로 돌아가보자. 이순신의 발포만호 임기 막바지에 직속상관인 전라좌수사 성박이 만호 영내 객사 뜰에 있던 오동나무로 거문고를 만들겠다고 병사를 보내 '베어 보내라'고 명을 내리는 일이 있었다. 그들이 영내로 들어와 인사를 하면서 "오동나무를 베어 가게 허락해주십시오" 하자 그날따라 영내에서 군기를 점검하던 이순신은 분이 치밀어 올랐다.

"그래. 좌수사께선 이 오동나무로 무엇을 할 요량이시라더냐?"

"예, 영내에 곧게 뻗은 오동나무를 순시하시면서 미리 봐두신 모양입니다. 그래서 이 나무로 거문고를 타면 정말 좋은 소리를 내는 명기가 되겠다고 하시면서 당장 베어 오라 하신 겁니다."

얼굴에 노기를 띤 이순신은 오동나무를 베러 온 병사들을 크게 야단치며 좌수사에게 그대로 전해 올리라고 소릴 질렀다.

"영내에 있는 이 나무는 나라의 재물이므로 누구도 함부로 베어 갈 수 없다."

병사들의 얼굴이 새파래졌다.

오동나무 청렴비석

오동나무 청렴광장의 청렴박석

"만호 어르신, 저희들이 이것을 못 베어 가면 크게 치도곤을 당할 것입니다. 널리 아량을 베풀어주십시오."

"이것은 가지 하나도 베어 사리사욕을 채울 수 없는 나라의 재산이다. 절대 안 되니 당장 돌아가서 좌수사께 하명을 거둬들이도록 말씀드려라."

오동나무는 당시 돛으로 활용하는 수군의 중요한 자재였다. 이순신의 성품상 절대 내놓을 리 없었다. 이 소문은 전라좌수영 전체로 퍼져나갔다. 전라좌수사는 이 일로 이순신이 타협도 할 줄 모르는 건방진 사람이라는 평가를 내렸다. 5관 5포에 이 소문은 삽시간에 퍼져나갔다. 적당히 타협하며 불의를 보고도 못 본 척 살아왔던 5관 5포 장졸들도 수군거렸다. 그러나 많은 백성은 이순신의 강직함과 충성에 고개를 끄덕이며 흥양에 모처럼 훌륭한 장수가 왔다 기뻐했다. 사람들은 이 일을 계기로 이순신이라는 이름을 깊이 마음에 새기고 존경하기 시작했다.

한편 이순신에게 반감을 가지고 있던 서익은 이순신과 관련된 이런저런 좋은 소문이 들려오자 이전의 묵은 감정을 떠올리고는 기어이 보복에 나섰다. 1542년생인 서익은 조선 전기의 문신으로 병조, 교리, 사인 등을 역임했고, 기절氣節이 뛰어나 이이, 정철로부터

지우로 인정받았지만 성격이 급하고 굽힘이 없었으며 이순신의 봉직에 관여하기도 했다. 서익은 갑자기 병기 감찰관으로 내려와 철두철미한 이순신의 군기 상태와 병기고 상황이 불량하다는 터무니없는 이유로 이순신을 파직하고 만다. 1582년에 1월이었다. 서익은 1587년에 삶을 마감하는데, 더 오래 살아서 통제사로서의 이순신을 지켜봤다면 후일 무척 미안해하고도 남았을 것이다.

이순신의 파직 소문을 들은 정걸은 아마도 헤어지기 전 이순신을 불렀을 것이다. 정치에 관심도 없고 상관들에게도 잘 보이려 들지 않는 그에게 뭔가 도움을 주고자 했을 것이다. 이순신의 정직과 정도를 걷는 무인 정신은 타의 추종을 불허했지만 원칙을 중시하고 상식을 앞세운 무관으로 과연 그가 부패한 조정에서 버티어낼 수 있을지 염려되었다.

'과연 다른 만호라면 가능할까? 수군의 일반 만호들은 제 몸 챙기기와 잇속 차리기에 바쁜데 이 사람만은 꿋꿋이 자기 길을 걸어가고 있지 않은가. 내가 어떻게든 도움을 주어야겠다.'

이런 생각을 하지 않았을까? 또 한편으로 정걸은 이순신이 발포 만호를 벗어나 어디로 가든지 지역 군장으로서 여러 행사에 참여하는 것과 윗사람과의 관계도 중요하지만 가장 중요한 것은 만호로

서 발포진성에서 수군의 경험을 충분히 쌓아두는 것이며, 이 경험이 후일 만의 하나 있을지 모를 전투에서 큰 도움이 될 것임을 말해주었으리라 생각된다. 장수는 오로지 적의 침입에 유비무환으로 대비하는 것이 기본 임무라는 것도 말이다. 특히 수군 전투에서 가장 중요한 화포의 정비와 판옥선의 활용법 등을 구체적으로 전수했을 것으로 생각된다. 어쨌든 이순신에게 있어 발포만호의 경험은 수군 장수로서의 경험을 쌓는 것뿐 아니라 정걸 장군과의 만남을 통해 수군 장수가 지녀야 할 자세를 배우고 익히는 데 큰 도움을 받을 기회였다. 그러니 삼도수군통제사, 전라좌수사로 큰 성공을 거둔 이순신의 뒤에는 정걸 장군 같은 멘토가 있었기에 가능한 일이었을 것이라고 생각한다.

이순신은 이해 5월 바로 훈련원 봉사로 복직되고 1583년 7월에 남병사의 군관이 되었다가 10월에 다시 변방으로 나가 함경도 건원보의 권관이 되었다. 그해 11월 부친 이정이 세상을 떠나자 그는 고향 아산으로 돌아와 시묘를 지낸 후 1586년 사복시 주부로 임명되었고 곧바로 함경도 건원보의 조산보만호가 되었다. 그는 만호의 임무를 충분히 숙지해두어 변방 장수로서의 임무를 충실히 수행해냈다. 1587년 8월에 녹둔도 둔전관을 겸임하며 9월 여진족의 기습을 격퇴하지만 오히려 파직되어 백의종군에 들어갔다.

필자는 이곳 빼앗겨버린 우리 땅 녹둔도에 대해 관심이 많아 늘 살피고 있다. 원래 녹둔도는 함북 선봉군 조산리에서 약 4킬로미터 거리에 있는데, 둘레가 약 8킬로미터이며 1800년대 이후 두만강 상류의 모래가 유속에 밀려 내려와 녹둔도와 그 대안對岸 사이에 퇴적하여 육지와 연결되었다. 이순신 시절에는 섬이었다가 반도가 된 것이다. 이순신은 발포만호의 경험을 통해 만호의 임무는 물론 변방 수비의 모든 것을 익혔기에 이곳에서 자신의 능력을 더 발휘할 수 있었을 것이다. 이 땅은 지금 러시아 관할 지역이다. 필자가 이곳을 가보고 싶어 주한 러시아 영사 지인에게 부탁했으나 곤란하다는 답을 받고 실망한 적이 있었다. 나라가 두 동강이 난 것만도 속이 상한데 그 접경에 있던 우리 땅을 러시아가 차지해버린 것이 기가 막힌다. 뒤늦게 찾으려니 얼마나 힘든 일인가. 강대국 사이에 낀 우리나라의 현실이 안타깝기만 하다. 이순신 장군이 살아 돌아온다면 자신이 피땀 흘려 지킨 녹둔도가 남의 나라 땅이 되었다는 사실을 알고 얼마나 애통해할 것인가?

또 하나의 추측_ 방진, 정걸, 이순신의 만남?

　여기서 한 가지 추측성 역사 탐험을 할 필요가 있다. 훗날 보성군수가 된 방진이 먼저 정걸을 만나러 흥양 땅으로 들어온 것이 아닌가 생각해보자는 것이다. 이순신의 장인으로서 방진이 발포만호가 된 이순신을 만나러 올 수 있는 것은 당연한 일이다. 1580년 7월 이순신이 발포만호가 되어 흥양에 들어왔을 때 예순넷 된 방진이 아산에 돌아와 있었는지 다른 임지로 나가 있었는지는 확실하지가 않다. 그러나 정걸과 동년배이고 무인이었기에 건강했을 것임을 감안해보면 그때까지 생존해 있었을 가능성이 크므로 사위 이순신과 정걸을 보러 갔을 수 있겠다는 생각이 든다.

방진이 사위 이순신에 대해 한없는 애정을 가진 것은 분명한 사실인 듯하다. 그를 무인으로 이끈 데 대한 책임감도 있었을 터이나 더 중요한 것은 이순신과 딸의 행복이었을 것이다. 사위의 품성에 대한 자신의 신뢰도 한몫했을 것이다. 무엇이든 보태주고 싶고 가르쳐주고 싶었을 것 아닌가. 사위도 이에 보답했다. 결과적으로 방진의 딸은 이후 정경부인이 되었고 여생을 편안히 보낼 수 있었다. 이순신은 장인의 기일을 잊지 않고 있다가 일기에도 쓸 정도로 꼭 기억하고 있었다.

1594년 5월 29일 : 장모님 제삿날이라 좌기하지 않았다.

1594년 10월 26일 : 장인어른 제삿날이라 나가지 않았다.

좌기하지 않았다는 말은 관청의 으뜸 벼슬에 있는 이가 출근하여 정무를 처리하지 않고 쉬었다는 말이다. 또 1597년 4월 1일 억울한 옥살이를 마치고 풀려난 이순신은 출옥한 당일 지인들을 만나 술에 흠뻑 취했다. 류성룡을 만나 새벽까지 이야기를 하고, 4월 3일 남쪽을 향해 백의종군의 길을 떠난 후 4월 5일에는 아산 선영에 도착하여 절을 올리고 조상님과 장인, 장모의 사당에 들러 배례를 올려 멀리 떠나감을 고하였다. 사당에서 남쪽으로 출정하러 감을 알린 것이다. 그만큼 그에게 장인 장모는 중요한 존재였던 것으로 보인다. 어쨌거나 방진의 벼슬이나 활약상에 대해 더 풍성한 기록이 있다면 좋겠지만 여기서는 추측만 해볼 수밖에 없어 아쉽다.

정걸과 방진이 발포에서 만났다면 거기서 전투의 동지이자 친구끼리 회포를 풀었을 것이고 이순신은 이순신대로 장인의 젊은 시절 이야기를 듣고 자신의 나아갈 길을 모색하고 준비했을 수 있다고 보는 것이다. 방신은 1565년 이순신의 결혼 즈음에 보성군수를 역임했거나 맡고 있을 수 있었다고 본다. 그랬다면 1580년까지 몇 군데 임지를 더 돌며 나라에 봉사하다가 은퇴했을 것이다. 그러니 사위가 발포로 오자 다녀갔을 수도 있을 법하지 않은가?

만약 이 가정이 맞다면 이순신에게 두 사람의 현장 지휘관이자 선배이자 스승이 수군 전술과 전법에 대해 갖고 있는 모든 지식을 전수하지 않았을까? 그랬기에 이순신이 수군 경험이 별로 없음에도 전라좌수사와 삼도수군통제사 역할을 훌륭하게 담당하게 된 것은 아닐까? 조심스레 짐작해본다.

2부

닮은꼴의 두 영웅

1장

사정 바람에 파면되다

정걸이 남들보다 뛰어난 인품과 실력을 갖춘 것은 사실이지만 계속 승승장구하며 경상우 수사까지 단숨에 승진했던 것은 아니다. 여러 가지 일로 부침을 겪었고 쉬는 기간도 있었으며 기록으로 남아 있지 않은 기간도 꽤 오래 존재한다. 다음 기록이 그런 사례 가운데 일부이다.

하동 백성이 왜구에게 잡혀갔는데
보고하지 않은 현감 이광준 등을 추고推考하다

간원이 아뢰기를,

"하동에 사는 백성 9명이 왜적에게 잡혀간 것을 숨기고 아뢰지 않았으니, 현감 이광준李光俊, 우후虞候 정승복鄭承復은 나추拿推하고 수사 정걸은 먼저 파직한 뒤에 추고하도록 명하소서" 하니, 상이 그대로 따랐다.

《선조실록》7권, 1573년(선조 6) 3월 14일 기사

이 상황을 보자. 선조 6년 3월 경상우수사로 근무하던 정걸에게 불이 떨어졌다. 정걸의 죄목은 관리, 감독의 부실이었던 것으로 생각된다. 경상우수사로 하동 백성이 9명이나 왜적에게 잡혀갔는데 그것을 조정에 보고하지 않은 것을 문제 삼은 것이었다. 그의 휘하에 있던 현감 이광준은 원래 문관 출신이었다. 훗날 청송부사, 강릉부사, 강원도 관찰사를 역임하게 된 그는 당시에 남도 하동현의 현감으로 있었던 듯하다. 또 정승복은 옥구현감으로 을묘왜변 때 군산까지 올라온 왜구와 교전하여 큰 공을 세웠고 기미왜변己未倭變 때 추자도楸子島에서 왜구를 궤멸시켜 큰 승리를 거두고 왜선 1척을 포획하여 웅천현감熊川縣監, 영덕현령盈德縣令에 제수되었으며, 함흥판관咸興判官을 역임했다. 그리고는 어모장군禦侮將軍, 경상도 수군우후水軍虞候로 근무했다. 수군의 우후직은 정4품으로 우수사의 막하 실무 책임자다. 우후는 병마절도사나 수군절도사가 부재중이

면 이를 대신하고 관할 지역을 순찰하고 관리하며 군사 배치나 훈련 상황, 무기류를 점검하는 실질적인 병사·수사의 2인자 직책이었다. 하동에서 9명이나 되는 백성이 잡혀갔으니 보통 커질 문제가 아니었다. 그러나 조정에선 현감과 우후까지만 체포하여 범죄 사실을 추문 고찰하도록 하고 정걸은 우선 파직하고 죄를 따져보기로 한 것이다. 사실 실록의 앞뒤 장면을 살펴보면 선조 6년 초는 사정 바람이 불었던 때라 전국에서 현장 관리들의 고발이 줄을 잇던 해였다.

간원이 직무를 잘못한 죄로
함경도 재상어사 송응개 등을 탄핵하다

간원이 아뢰기를,

"함경도 재상어사災傷御史 송응개宋應漑는 죄 없는 덕원부사德源府使 안상安瑺과 온성부사穩城府使 고경진高景軫을 파면하도록 그릇되게 청하였고, 방어가 수월한 이웃 진의 무신으로 바꾸어 차출하도록 청하였으니, 사정을 따라 부정하게 감싼 잘못이 큽니다. 그 벼슬을 파면하소서. (…) 약방 제조를 모두 파직하도록 명하소서. 해주 목사 윤옥尹玉을 파면하소서."

《선조실록》, 1573년(선조 6) 1월 3일 기사

동래부사 김명원金命元, 전 경상감사 임열任說, 용강현령 권상權常 등에 대해 파면 추구 조사를 명하는 등 대대적인 관리들의 사정이 있었기 때문이다. 이 사정 바람은 3월까지 계속되면서 정걸의 휘하 장수와 정걸까지 대대적으로 옷을 벗었던 것이다. 정걸도 뒤따라 파면되었던 것으로 추측된다.

2장

복직 후 전라좌수사로 부임하다

정걸은 2년의 휴식을 보낸 후 1575년(선조 8) 3월 3일에 다시 서용된나. 실록에 서용이라는 말을 썼기 때문에 정걸의 파면은 확실해진다. 서용은 파면된 자를 다시 불러내 임명하는 것을 뜻하기 때문이다. 2년 만의 현장 복귀였다. 이 기간 동안 정걸이 서울에 머물러 있었을 것 같지는 않다. 고향 땅 흥양으로 돌아왔을 확률이 크다. 실록에 서용 대상자 명단이 나온다.

전 우후 곽영郭嶸·전 첨사 이욱李旭·전 부사 양사영梁思瑩·정걸을 서용하고, 전 병사 이대신李大伸·소흡蘇潝은 직첩을 환급還

給하고, 이선원李善源·임진任臂은 방송放送하여 서용할 일을 병
조에 내리라.

《선조실록》9권, 1575년(선조 8) 3월 3일 기사

그가 쉬고 있던 이 기간에 정걸은 기쁜 일도 맞는다. 아들 정연이
1574년 무과에 급제하기 때문이다. 정연은 후일 영광군수를 지내다
가 정유재란이 일어나자 고흥에서 의병을 모아 전라북도 고창군 흥
덕전투에서 1598년에 순절한 의로운 인물이다. 정걸은 생전에 아
들 하나만 두었기에 그의 기쁨은 더할 나위 없었을 것이다. 무과 집
안의 가계를 정걸이 세우고 아들이 이었다. 후일 정연의 아들이자
손자 정홍록은 아버지의 원수를 갚겠다며 흥덕전투에 참전했다가
1599년에 순절한 것으로 전해진다.

3년 동안 3대가 순절하고 마지막 남은 증손자 정엽이 성장하여
독자 집안 가문을 400여 년간 이어내려오고 있는데 그의 후손들
이 일부 지금 고흥 땅에 머물러 있다. 후손 중 한 분이 가문의 위패
가 있는 안동사를 돌보고 있는데 조상을 뵐 면목이 없다고 말했다.
위대한 영웅의 후예로 좀 더 열심히 살아서 다른 가문처럼 유적과
유물을 잘 관리하지 못한 자책을 하는 것이리라. 필자는 그를 위로
하며 정걸 장군의 생애를 재조명해서 역사 학계와 대중에게 재평
가받도록 최선을 다해보자고 다짐했다.

정연 선생 위패   정홍록 선생 위패

한편 서용된 정걸은 이 시기를 전후하여 장흥부사로 임명되었다. 파면에서 돌아온 형편이라 당장 우수사로 다시 보내기 어려워 일단 장흥부사직을 내린 듯하다. 부사는 조선 시대의 지방 행정 편제에서 부, 목, 군, 현 체제 가운데 지방행정의 중심지 중 하나로 1000호 이상의 큰 고을을 맡는 자리다. 대도호부의 부사는 정3품 당하관이고 같은 정3품 당하관이었지만 목의 수령인 목사는 한 단계 아래로 취급되었으며 지방 도호부의 부사는 그 아래로 종3품이었다. 정걸이 이때 정3품직을 유지한 것인지는 확실하지 않다. 그러나 장흥부사로 임명된 그가 임지에서 근무했는지는 확실치 않다. 그 시기에 그의 행적이 도성에서 일부 나타나기 때문이다. 이 일은 잠시 뒤로 미루어두기로 하자. 그로부터 2년 후인 1577년에 정걸은 전라좌수사로 임명된다.

김귀영·윤현·유희춘·정걸 등에게 관직을 제수하다

김귀영金貴榮을 예조판서로, 윤현尹鉉을 호조판서로, 유희춘을 부제학으로, 정걸을 전라좌수사로 삼았다.

《선조실록》11권, 1577년(선조 10) 3월 27일 기사

1520년생인 김귀영은 후일 병조판서 때 이순신을 사위 삼으려

했던 인물이다. 정걸과 동년배인 윤현은 이때 호조판서를 얼마나 잘했는지 국가 재정을 가장 잘 아낀 최고의 재정 전문가라는 평가를 받았다. 유희춘은 글 잘 쓰는 학자로 이름이 높았다. 정걸이 전라좌수사로 얼마 동안 근무했는지는 확실하지 않지만 만약 이 기록이 사실이라면 정걸은 이순신보다 14년 먼저 전라좌수사직을 맡은 셈이 된다. 그래서 흥양 출신인 정걸은 누구보다 전라좌수영 관할 해안 지역에 대해 해박한 지식과 정보를 갖고 있었던 것 같다.

3장

문무를 겸비한 정걸

정걸이 전라좌수사로 임명될 때 부제학에 제수된 유희춘은《미암일기》의 저자로 유명하다. 유희춘은 조선 중기 문신 중에서 가장 필력이 돋보이는 인물의 하나로 평가된다. 특히 그의 친필 일기는 조선 시대 개인 일기 중 가장 방대하다. 명종이 죽고 선조가 즉위한 1567년 10월부터 쓴 일기는 그가 사망한 1577년 5월까지 무려 10년간에 걸쳐, 자신의 일상적인 일에서부터 국정의 향방과 각 인물의 진퇴 등 당시의 정치, 경제, 사회, 풍속 등을 상세하게 기록하고 있다. 덕분에 임진왜란으로 1592년(선조 25) 이전의《승정원일기》가 모두 불타 없어져《선조실록》을 편찬할 때《선조실록》첫 10년간의 사료가 되었다고 해서 더 유명하다. 필자는 이 방대한 유희춘의 일기 속에 정걸의 이야기가 혹여 들어 있을까 뒤졌는데 과연 의미 있는 기록을 하나 발견할 수 있었다.

임금께서 정원에 전교하기를,
"유희춘이 숙배한 뒤에 내가 인견하겠다" 하였다.
승지 남언순南彦純이 찾아왔다. 함께 경연청으로 올라가 한참 동안 명을 기다렸더니 임금께서 사정전으로 나와 앉으시고 희춘을 인견하였다. 희춘이 탑전榻前*으로 나아가자 임금께서 말씀하기를,
"경은 언제쯤 돌아올 것이오?" 하였다.
신이 대답하기를, "소신은 갈증의 병이 몹시 심해 지금 약을 지어가지고 가니 전심으로 치료해 병이 나아 회복이 되면 돌아오겠습니다" 하였다. (이하 중략)
"이때에 중관中官이 붉은 보자기 두 개에 큰 붉은 명주 속옷 1벌, 하얀 무명에 명주 속을 넣은 바지 1벌, 검은 가죽신 1쌍을 싸서 유희춘의 앞에 두었다.
임금께서 말하기를, "이것은 내가 지니던 물건이니 경은 사양치

---

* 임금 자리 앞.

말고 받으시오" 하였다.

신이 즉시 일어나 사례하니 임금께서 신에게 이르기를, "훗날 경을 부르거든 경은 반드시 와야 하오" 하였다.

신은 말 없이 곧 임금께서 하사하신 의복을 안고 물러나와 땅에 엎드렸다가 가지고 나와서 사정전의 서쪽 문에 이르자 하인이 대신 받았다. 희춘은 물러나 보루문에 이르러 하사하신 물건을 엎드려 보고 감읍을 금할 수 없었다. 평상복으로 갈아입고 승정원에 들어가 마패를 받고 나왔다.

하직의 숙배를 하기 위하여 대궐로 갔는데, 보루각의 의막으로 들어가 유지선柳智善, 김명원金命元 등을 보았다. 동지 최응룡崔應龍도 남쪽으로 가서 부친의 묘소에 석물石物을 세우고 왔다. 나는 날마다 판중추 원혼을 만났다. 병판 박충원의 의막을 찾아가 담화하고, 다시 장이창張以昌의 일을 부탁하였다. 정걸과 여성군礪城君 송인宋寅도 왔기에 《유합》*의 삽鞂** 자를 의논하였다.

《미암집》 제14권, 1576년(선조 9) 10월 13일

• 기본 한자를 수량, 방위 등 종류에 따라 구별하여 새김과 독음을 붙여 만든 조선 시대의 한자 입문서.
•• 삽이란 한자는 새 신을 빨리 뛰어오르는 모양을 말하는데 여기선 천자문과 비슷한 《유합》에 나온 '삽鞂'이란 글자를 의논한 상황인 듯하다.

유희춘이 마패를 받아 현지로 나가기 전에 만난 인물들 속에 정걸이 있는데 《이암유고頤菴遺稿》를 쓴 중종의 사위인 여성위 송인과 유희춘과 함께 어울리며 한문의 글자를 서로 의논했다고 기록하고 있다. 필자는 이것이 무신으로서 가능한 일일까, 하는 의문이 들었지만 충분히 가능했겠다는 생각도 들었다. 정걸은 심수경과 함께 병자년에 태어난 동갑 35명이 계를 조성할 정도로 급제한 문인들과 인맥을 갖고 있었을 만큼 조정 상하에 널리 알려진 인물이었다. 그러니 얼마든지 가능한 일이었다.

동혼재 석한남 선생은 이를 두고 "당시 조선에서 어린 학생들을 상대로 가르치던 한자 교육 교재에 문제가 많다고 하여 미암이 다시 만든 책이 《유합》이다"라고 말했다. 정걸이 이 수정 작업에 참여한 인물이었음을 보여주고 있다.

한편 이 시기의 《미암일기》 기록은 1576년 10월 13일의 일기다. 이때는 정걸이 서용된 후 장흥부사로 임명받았지만 서울 도성에 있었다. 출장일 수도 있겠으나 분위기로 봐서는 유희춘, 송인과의 만남 때문이었으리라. 아니면 발령은 받았으나 오래 근무하지는 않을 것일 수도 있겠다는 생각도 든다. 어쨌든 이런 기록들을 미루어 보면 정걸은 단순히 무술만 아는 무신이 아니라 대대로 문과에 급제하고 문신을 내던 가문 출신답게 학문에도 게으름을 피우지 않고 최선을 다했을 것이라고 생각한다. 이런 정걸과 이순신의 만남은 어쩌면 당연한 유유상종일 것이다. 정걸이 이 대표적인 두 학자와 《유합》에 들어갈 한자를 함께 의논했다는 것만으로도 무신이라면 하기 어려운 일을 했을 만큼 유식하고 지혜가 풍성한 문무 합일의 관료였다는 것을 보여주는 증거가 아닐까?

4장

도성 수비에서 이순신의 조방장까지

정걸은 이후 서울로 올라와 경장직을 임명받는다. 니탕개의 난이
발생하여 장수와 군사들이 북방으로 빠져나가는 바람에 수도를 지
킬 장수가 필요한 까닭이었다. 1583년 1월에서 8월까지 최대 3만여
명 규모의 여진족이 함경도 북부를 침입한 이 사건은 조선 전기에
일어난 사변 중 삼포왜란과 함께 가장 큰 사건으로 기록된다.

북변 방어를 위해 양남의 수령과 변장 등을 체임하여
서울에 모이게 하다

"방추防秋* 문제가 점점 긴박해지니 서울의 장사들을 모두 북방으로 보낼 것이며, 서비西鄙**의 일도 염려하지 않을 수 없으니 양남兩南의 수령과 변장邊將들 중에서 장수에 적합한 인물이면 그들을 체임하여 서울로 모이게 하고, 경상감사 유훈柳塤도 일을 맡길 만한 인물이니 체임하도록 하라. 그리고 새로 급제한 5백 명을 들여보낸 후에 지난 봄에 들여보냈던 정병精兵과 지난 여름 방수防戌***에 임했던 급제한 사람들 중 부득이 계속 머물러 있어야 할 자를 제외하고는 모두 돌려보내 서울에 머물면서 대기하게 함으로써 그들로 하여금 어느 달에나 돌아가게 되려나 하는 탄식이 없도록 할 일을 비변사에 말하도록 하라" 하였다.

비변사가 회계回啓****하기를, "주상의 하교가 지당합니다. 장흥 부사 임진林晉과 창원부사 정걸도 다 체임하여 경직을 주었습니다" 하였다.

《선조실록》17권, 1583년(선조 16) 7월 16일 기사

● 북방 오랑캐를 방어하는 일.
●● 서울에서 멀리 떨어져 있는 두메, 즉 평안도 국경 지대를 가리킴.
●●● 국경을 수비하면서 지킴.
●●●● 임금의 질문에 신하가 대답하는 일.

어느새 정걸은 창원부사로 가 있다가 서울로 불려 왔다. 경직에서 정걸이 어느 곳에 근무했는지, 직위가 어땠는지는 불분명하다. 경직의 기간을 지나고 난 다음 1587년 3월부터 1589년 2월까지 정걸은 경상우수사로 근무했다. 74세의 고령에도 2년간 나라에 충성한 것이다. 이후 정걸의 근무 기록은 사라지고 없어 정확하지 않고, 그다음 나타나는 기록이 곧바로 이순신의 조방장이 되는 1592년이다. 그의 나이 무려 78세로 당시로서는 초고령이었다. 이전 3년간의 기록이 없다는 점은 참으로 안타깝다. 하지만 여러 정황으로 볼 때 발포만호에서 두 사람이 접촉하고 난 다음에 1592년까지 두 사람 사이에 서신 정도는 주고받은 것이 아닌가 추측해본다. 교류가 전혀 없는 사이였다면 31살 연상의, 그것도 수군·육군 대선배이자 한참 원로인 정걸을 이순신이 조방장으로 활용하려는 생각은 불가능한 것이기 때문이다. 어쩌면 정걸 스스로가 이순신의 조방상이 되겠다고 자청한 것은 아닌가 추측해본다. 그러지 않고는 이 불가능한 노소의 연합을 논리적으로 설명하기 어렵다. 필자는 분명히 두 사람은 잦은 교류가 있었고 서로를 기억하고 함께할 명분을 찾고 있었을 것으로 본다. 1589년 2월 이전부터 이순신이 전라좌수사가 되는 1591년 2월 사이 어딘가에서 두 사람은 뭉치기로 마음을 합한 것이 아닐까?

5장

이순신과의 지속적인 교류

한편 이순신의 정읍현감 시절로 돌아가보자. 변방으로 전전하던 이순신을 안타까워하던 류성룡은 이요신의 사망 이후 그를 눈여겨보고 있었다. 인품이나 실력, 무장으로서의 신실함 등에 깊은 신뢰를 갖고 있었기에 정읍현감 자리로 그를 추천했다. 전라감사 조방장은 종4품이고 현감은 정6품이라 직급은 낮았으나 한 고을을 책임지는 수장 자리인지라 누구라도 선호하는 자리였다. 물론 식솔을 거느리기가 수월했고 상대적으로 안전한 자리이기도 했기 때문이다. 특히 물산이 풍부한 평야 지대의 고을인 정읍은 너도나도 가고 싶어 하는 요직이었다. 순신은 1589년 12월에 정읍 초대 현감으로 나갔다. 당시를 실록은 이렇게 기록했다.

이순신을 정읍현감으로 삼았다. 순신이 감사 이광의 군관이 되었는데 이광이 그 재주를 기이하게 여겨 주달하여 본도의 조방장으로 삼았다. 류성룡이 순신과 이웃에 살면서 그의 행검을 살펴 알고 빈우賓友로 대우하니, 이로 말미암아 이름이 알려졌다. 과거에 오른 지 14년 만에 비로소 현감에 제수되었는데 고을을 다스리는 데에 성적聲績이 있었다.

《선조수정실록》23권, 1589년(선조 22) 12월 1일 기사

빈우는 손님과 친구를 말함이니 류성룡이 그를 손님처럼, 친구처럼 대했다는 이야기다. 그만큼 어릴 적부터 순신의 품성을 알고 그를 귀중하게 대했다는 반증이다. 만일 그가 이순신을 익히 알면서도 그를 존중히 여겨 깊이 살펴보지 않았다면, 조정의 인재 영입 때 적극 추천하지 않았다면 조선은 과연 어떻게 되었을까? 이 역사적인 인재 추천에 대해 나중에 성호 이익은 이렇게 기록했다.

사람들은 임진왜란 때에 서애西厓 류 선생이 나라를 위해 활약하여 공로를 세웠다고 말한다. 하지만 이것은 선생에게 있어 조그마한 일에 불과하다고 나는 여긴다. 오히려 그보다 더 큰 공

로가 있다. 당시에 나라를 잃지 않은 것은 오직 이 충무공 한 사람이 있었기 때문이다. 처음 이 충무공은 일개 비장裨將에 불과하였으니, 류 선생의 추천이 아니었더라면 단지 일반 병사들과 함께 싸우다 이름 없이 세상을 떠났을 것이다. 그렇게 되었다면 나라를 중흥하여 안정시킨 공은 과연 누구를 통해 이룰 수 있었겠는가. 근세에는 이러한 옛 법도를 실행한 예를 들어본 적이 없다. 현인을 추천하기는커녕 이러한 인물에 대해 시기와 질투나 하고 있으니, 슬픈 일이다.

다시 정읍현감 이야기로 돌아가자. 이순신의 정읍현감직은 훌륭함을 넘어서 읍민이 모두 감동할 정도였다. 이웃 태인현감을 겸무했는데 얼마나 일 처리가 빠르고 정확했던지 읍민이 암행어사에게 이순신을 태인에 붙잡아두도록 상신할 정도였다. 정걸은 이때도 이순신과의 교류를 끊지 않았을 것인데 정걸보다는 나이가 아래인 이순신 쪽에서 계속 연락을 한 것이 아닌가 싶다. 당대의 선비나 관료들, 장수들은 수시로 인편을 통해 서신을 주고받았다. 대표적인 예가 이순신과 류성룡이다. 이순신은 줄 대기나 아첨, 경쟁에 전혀 관심이 없던 인물이었지만 류성룡에게 자주 편지를 띄우고 여러 가지 문제를 의논했다. 이순신과 정걸도 얼마든지 그리 했을 법하다. 게다가 정걸은 1589년 2월에 경상우수사를 그만둔 상태다. 두 사람이 교류하는 데 아무런 문제가 없었을 것이다. 한 사람은 백전노장의 은퇴한 대선배, 한 사람은 신임 현감이었다.

정읍과 태인의 현감을 겸임하면서 이순신은 만호의 경험과 함께 장수로서, 또 행정가로서의 경험을 확실하게 쌓았으며 조정의 신임도 착실히 쌓았을 것이다. 이것도 정걸이 장수로서의 삶과 철학에 대한 조언을 한 덕분인지도 모르겠다. 전적으로 필자의 추측이지만 정걸은 오랜 군 생활과 고관으로서 조정 정치의 폐해를 비켜가는 자신만의 경륜을 지니고 있었을 것이다. 그가 80세를 전후해서도 벼슬을 지킬 수 있었던 것이 그 증거다. 실력도 뛰어나지만 당쟁이나 줄 대기에 연연하지 않고 초연하게 자신을 지킬 줄 알았기에 만년까지 그를 찾는 이가 많았던 것이다. 이순신의 발포만호 시절 정걸은 반드시 이순신에게 조정의 정치꾼들을 멀리하라고 충고했을 것이 틀림없다. 물론 개연성이 크다는 말이다. 훗날 이순신이 이이 같은 고위직 친척을 찾아가지 않거나 병조판서 김귀영이 이순신이 마음에 들어 자신의 서녀庶女를 이순신에게 첩으로 주려고 하자 "벼슬길에 갓 나온 나 같은 신출내기가 권세 있는 집안에 발을 들여놓는 것은 옳지 않다"고 거절한 것 등이 그 간접적인 증거라고 할수 있겠다. 이때 김귀영은 잘나가는 고위 관료였고 권력의 중심에서 있었다. 그는 이준경과 을묘왜변에 나가 함께 싸웠던 인물로 한참 대선배였다. 예조판서, 병조판서를 거쳐 우의정, 좌의정까지 올라갔으니 이순신이 그 덕을 볼 만도 했고 인성이나 언행이 품위 있어 존경을 받았던 인물이었다. 이에 대해 훗날 다산 정약용은 자신이 쓴 불후의 명저 《경세유표》*에서 "문충공 류성룡은 '순신이 김귀영의 사위됨을 사양했으니 그 절조節操가 탁월했다'고 칭찬했으니 무신도 반드시 덕행을 보아야 이와 같은 사람이 나올 것이다"라며 이순신의 덕행을 칭찬했다. 물론 이 같은 이순신의 처세에 정걸이 적잖은 영향을 미쳤음은 더 말할 필요가 없을 것이다.

● 조선 후기 실학자 정약용이 행정 기구의 개편을 비롯하여 관제, 토지, 부세 등 모든 제도의 개혁 원리를 제시한 책으로 44권 15책의 필사본이다.

6장

전란의 조짐, 이순신과 권율의 발탁

이때 바다 건너의 상황은 긴박해지고 있었다. 1587년까지 8년에 걸쳐 일본 전역을 통일한 도요토미 히데요시는 오랜 전쟁의 경험을 통해 내부의 불만을 해외로 돌리기로 작정하고 명나라 정벌을 꿈꾸기 시작했다. 작게는 무역 전쟁, 크게는 정복 전쟁의 꿈을 품었고 심지어 명나라를 정복, 천자를 꿈꾸기도 할 정도로 야망을 키웠다. 명나라가 그에게 조공을 허락하지 않는 데 대해 깊은 원한을 품은 그는 조선을 무너뜨리면 명나라는 문제없이 이길 수 있을 것이라고 여겼다. 명나라는 허약한 데다 신종 황제가 정치에 뜻이 없어 환관들이 나라를 좌지우지하고 있었기에 얼마든지 속전속결로 밀어붙이면 승리할 수 있다고 여긴 것이다. 이에 조선을 침략하기 전 사신을 보내고 왜구들을 동원하여 조선의 방비 태세를 자세히 탐문하며 모든 정보를 수집해나갔다. 흉흉한 소문은 원래 날개를 단 듯 퍼져 가는 법이다. 어민들이 소문을 만들고 보부상과 파발꾼들이 이 소식을 실어 날랐다. 조정에서는 흉흉한 소문을 걱정하기 시작했다.

급기야 선조는 1589년 11월 18일 좌참찬左參贊 정탁鄭琢을 사은사로 차출하여 숭정 품계를 가하고, 황윤길黃允吉·김성일金誠一을 일본 통신通信의 상사上使·부사副使로, 허성許筬을 서장관書狀官으로 차출했다. 그러나 통신사 일행이 떠난 것은 1590년 3월 6일이나 되어서였다. 통신사 일행은 대마도에 도착했으나 영접사가 지체하는 바람에 김성일이 항의하는 소동이 벌어졌음에도 한 달을 지체해야 했다. 그리고도 길을 돌려 오는 바람에 수도로 가는 데 또 지체하고 오사카성에 도착해서는 관백 도요토미 히데요시가 출병했다가 몇 달 만에 오는 바람에 다시 5개월을 지체해서야 선조의 명을 전할 수 있었다. 그 사이에 조선통신사 일행은 일본의 사정을 어느 정도 엿볼 수 있었다. 이들이 돌아온 것은 무려 1년이나 지난 1591년 3월 이었다.

그런데 1년에 걸쳐 일본을 살피고 돌아온 정사 황윤길과 부사 김성일은 전혀 상반된 보고를 내놓았다. 황윤길은 왜적이 곧 조선을 침략할 것이라고, 김성일은 걱정할 것 없다고 말이다.《서애집》에 따

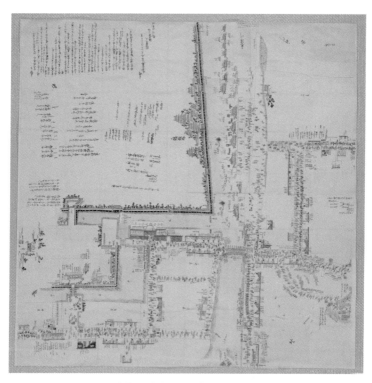

〈통신사 방정성도〉 (소장: 국립중앙박물관)

르면 1591년(선조 24) 봄에 통신사 황윤길, 김성일 일행이 가져온 일본 국서에 이렇게 쓰여 있었다고 한다.

率兵一超直入大明

병을 이끌고 단번에 명나라에 뛰어들 터이다.

조선을 거쳐 명나라 침공을 기정사실화한 구절이다. 당시에 류성룡은 이 구절을 보고 좌의정으로서 영상領相 이산해 등의 반대를 물리치고 이 사실을 명나라에 알리게 했는데,* 만약 이때 통고를 더 늦추었더라면 이미 왜국에 가 있던 명나라 복건성 사람과 유구국 사신의 보고 등에 의해 도요토미 히데요시의 의도를 알고 있던 명나라로 하여금 조선에 대해 큰 오해를 불러일으켜 이후의 대명 교섭에 큰 차질을 가져올 뻔했다. 그런데도 조정은 둘로 갈려 있었다. 선조는 전쟁이 일어나지 않았으면 좋겠다는 데 마음의 방점을 두고 있었기에 부사 김성일의 의견을 좇았다. 그리고 곧 임진왜란의 낭패를 겪게 되었다. 황윤길, 김성일 같은 조정 내 당파들이 상반된 주장을 하면서 나라는 풍전등화의 위기에 몰렸다. 모든 정사가 당리당약에 따라 둘로 갈렸고 이순신 같은 유능한 인재를 뽑는 것도 조정 내 찬반의 시각이 존재했음은 주지의 사실이다.

앞의 통신사 임명에 언급된 인물들도 이순신에 대해 두 가지 상반된 시각을 가졌던 것으로 보인다. 선조가 사은사로 차출한 정탁은 일찍이 이순신의 명성을 살펴 그를 알아보고 있었기에 훗날 그가 모함을 받아 한양에 잡혀 오자 목숨을 걸고 이순신을 변호하여 살려낸 진정한 조력자였다. 또 서장관으로 나간 허성은 이순신과

• 《진왜정주문》, 《서애집》3권.

건천동(충무로) 한동네에 살았던 후배이자 지기였다. 그는 소설가 허균의 형이자 시인 허난설헌의 오빠이기도 하며 후일 승지로 일할 때 이순신을 조용히 후원하던 조력자였다.

반대로 김성일은 통신사로 일본에 나갔다 온 후 낙관적인 이야기만 전해서 전쟁을 불러일으킨 책임자였다. 후일 전란이 발발해 선조가 그를 참수하려 하자 류성룡이 전시에 죽이지 말고 공을 세워 갚게 하자고 선조를 설득, 경상도 초유사로 나갔으며 진주성 싸움에서 승리를 거두었으나 후일 2차 진주성 싸움에서 병으로 숨졌다. 김성일은 한때 비변사에서 이순신을 발탁하자 극구 반대하기도 했다.

이처럼 조정 내에는 이순신에 대한 찬반 그룹이 형성되고 있었다. 정작 이순신 자신은 내막을 몰랐겠지만 그의 발탁을 두고 논란이 많았던 것은 사실이다. 그렇든 아니든 간에 이순신은 정걸의 조언 아래 현실 정치와는 거리를 두고 자신만의 세계를 구축해나가고 있었다. 어쨌거나 인재가 필요한 때였다. 임진왜란이 일어나기 전 당시 좌의정 류성룡이 영의정 이산해를 찾아가 전란의 소문을 두고 서로 의논한 적이 있었다.

"영상 대감, 왜적의 침범이 반드시 일어날 것 같지 않습니까? 나라가 태평한 지 오래되었으니, 국경에 근심거리가 생기면 큰 소동이 날 것입니다. 제가 왜놈들이 쓰는 조총을 입수해 신립에게 보여주었더니 '그깟 왜놈들이 쏜다고 다 맞기야 하겠습니까' 합디다. 장수들이 이렇게 적을 모르니 보통 일이 아닙니다."

"그래, 무슨 좋은 수가 없겠소?"

"이처럼 나라가 어수선하고 어지러우니 이런 때일수록 꼭 필요한 곳에 꼭 필요한 인재를 심어두어야 하지 않겠습니까?"

"어디 좋은 인재라도 눈에 띄셨습니까?"

"대감, 권율과 이순신이라는 자를 유심히 살펴보소서. 지금은 직위가 높지는 않으나 능력이 있는 인재들이니 앞으로 분명히 나라에 큰 도움이 되고도 남을 것입니다. 그들은 분명 적재적소에서 유비무환의 자세로 나라를 지킬 인물들입니다."

"그들이라면 나도 들은 적은 있소. 그러면 우리 상께 들어가서 인재를 적극 쓰시도록 추천해드립시다."

　그리고 잠시 후 선조는 이순신을 정읍현감에서 전라좌수사, 즉 전라좌도 수군절도사로 임명했다. 종6품에서 정3품으로 7단계나 뛰어오르는 파격적인 특진이라 조정에서는 반대가 심했고 삼사를 비롯한 언관들에게서 불평불만이 쏟아져 나왔다. 선조는 삼사의 반대를 무시하고 파격적인 승진을 승인했다. 임진왜란 발발 불과 1년 2개월 전인 1591년 2월 16일의 일이었다. 이 1년의 기간 동안 이순신은 그 누구도 하지 못할 위대한 일을 해낸다. 절체절명의 시기에 권율과 이순신의 발탁은 무능한 선조의 '신의 한 수'였다.

3부

임진년, 이순신의 연승을 지원하다

1장

이순신의 조방장 정걸의 업적

정걸이 이순신과 힘을 합할 때는 임진왜란 발발 불과 1년 전쯤이다. 이 시기를 자세히 살펴보면 특히 정걸의 업적이 누드러신다. 정걸의 업적을 찾을 때 필자는 이순신 연구에 탁월한 연구 실적을 거둬온 이민웅 교수의 연구에서 도움을 받았다.

그에 따르면 정걸의 관직 경력 중에 임진왜란 이전의 마지막 직책은 1587년(선조 20) 3월부터 1589년(선조 22) 2월까지 전라우수사를 역임한 것이라고 한다. 그는 이미 경상우수사, 전라좌수사를 거쳤기에 무관으로서도 더 이상 올라갈 곳이 없었다. 이 연구에 따르면 정걸이 수사 임기를 마친 것은 이순신이 전라좌수사로 임명되기 불

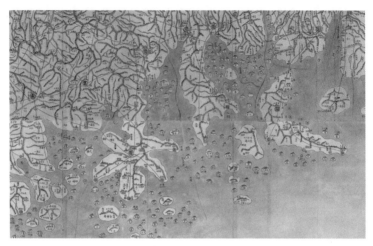

전라좌수영 관할인 5관 5포

5관 5포의 현재 위치

과 2년 전이고, 그의 나이 74세였으니 이 관직의 경험만으로도 실로 대단한 업적이라고 할 만했다. 이 같은 화려한 경력으로 전라좌수사로서 임진왜란에서 위태로운 나라를 구한 이순신의 연승을 후원하는 멘토의 역할이 가능해진다. 물론 선조의 임명과 류성룡의 전폭적인 지지가 있었기에 가능한 일이었다.

1591년(선조 24) 2월에 전라좌수사로 부임한 이순신은 전라좌수영의 전력을 끌어올리기 위해 최선을 다했다. 전라좌수영은 5관(순천 도호부, 흥양현, 광양현, 낙안군, 보성군)과 5포(사도-첨사진, 여도-만호진, 녹도-만호진, 방답-첨사진, 발포-만호진)를 관할한다. 이순신은 앞에서 살펴보았듯이 이 중 발포만호를 지냈던 경력이 있다. 발포만호의 경력은 전라좌수사직 수행에 큰 도움이 되었다. 이순신은 앞에서 보았듯이 전라좌수사 보임 후 이 지역에 초도순시를 나가 일사천리로 관리·감찰을 하고 돌아온다. 정걸과 이 지역에 대해 발포만호 시절 이미 자세히 살폈기에 가능했을 것이다. 흥양현에 있던 4포, 전라좌수영 관할 5관 5포 중 사도, 여도, 녹도, 발포에 대한 정보는 이미 꿰뚫고 있었다.

그러나 5관 5포의 장수들은 이미 해전과 지리에 익숙한 베테랑 장수들로, 이제 막 전라좌수사로 부임한 신출 이순신의 명령을 고분고분 들어줄 턱이 없었다. 이들은 전라좌수사가 자리를 잡기 전까지는 자신들이 유리한 입장에서 좌수사를 쥐락펴락하고 싶었을 것이다. 그러나 여기에 백전노장 정걸이 좌수사의 조방장이자 고문 역으로 참여하자 깜짝 놀랄 수밖에 없었다. 그도 그럴 것이 5관 5포의 장수들은 정걸 이름만 들어도 벌벌 기는 태도를 보였기 때문이다. 경상도와 전라도, 심지어 변경의 최전방 지역이란 지역은 다 돌았고, 좌수사의 핵심 근거지인 흥양 출신이라 자신들의 역량으로는 쫓아갈 수 있는 상대가 아니었기 때문이다. 존경스럽고 두렵기까지 한 인물이 이순신의 밑으로 들어왔다는 것 자체가 놀랄 수밖에 없는 일이었다. 정걸의 눈짓 한 번이면 복종과 충성을 맹세할 5관 5포 장수들이니, 이순신이 전라좌수사로 임명받아 순탄하게 임무를 감당할 수 있었던 것은 정걸의 역할이 컸다고밖에 말할 수 없겠다.

정걸은 조방장으로서 가장 먼저 이순신에게 5관 5포의 장수부터 군령으로 확실하게 잡을 것을 강조했을 것으로 생각된다. 그 결과 이순신은 가장 강력한 장수들을 거느릴 수 있었다. 원균은 이 같은 이순신의 수족들을 바라보며 개탄할 수밖에 없었을 것이다. 대대로 무인 집안으로 명망을 날렸던 자신에게는 수족으로 쓸 만한 맹장들이 제대로 보이지도 않고, 있다 해도 자신에게 순종하지도 않았기에 이순신이 부러웠던 것이다. 이 때문에 훗날 원균은 이순신에 대해 "장군은 5형제를 데리고 있으니 참 좋겠소! 그렇다고 좌수사가 데리고 있는 5관 5포만 먹여살려야 하겠소?"라며 빈정거릴 정도였다. 자신에게 도움을 주지 않는 이순신에게 서운함을 느낀 것이다.

한편 이민웅 교수가 자신의 연구에서 다룬 정걸에 대한 정보는 정걸이 이순신의 좌수사 부임 초기에 얼마나 큰 도움이 되었는지를 살펴볼 수 있게 해준다. 이순신은 왜적의 침입에 대비할 때 가장 심혈을 기울여야 할 것으로 정걸이 제시했던 군선과 화포류, 활과 화살, 유사시 바로 전선의 노를 저어 진격할 수 있게 하는 격군의 확보와 훈련, 5관 5포의 요새화 등을 꼽았다. 이런 상황에서 당시 관직에서 물러나 흥양에 머물던 정걸의 존재는 이순신에게 큰 힘이 되었다. 정확하게 언제부터 정걸이 조방장을 맡았는지는 확인되지 않지만, 이순신이 좌수사로 부임한 직후부터였을 것으로 추정된다. 특히 흥양 지역은 전라좌수영 관할 5관 5포 중 1관 4포가 분포한 지역으로 전라좌도 수군의 절반에 가까운 세력이 모여 있었던 곳이다. 조방장 정걸은 흥양 지역에서의 판옥선과 거북선 건조, 무기 준비 등을 하고 있었을 것으로 보인다. 18세기 후반의 기록으로 다소 과장되고 부정확한 한계가 있지만《호남절의록》에 정걸에 대한 각각 다음과 같은 내용이 전해지고 있다.

1. 충무 이공은 공(송덕일)을 장선사裝船使 겸 주사전부장舟師前部將*을 삼았는데, 공은 나대용, 정걸 등과 함께 거북선을 보

---

* 한자를 보면 알 수 있듯이 배를 만들고 관리하는 직이다.

수하고 늘렸다.

2. 또 판옥 전선을 만들고 화전(불화살), 철익전, 대총통 등 무기
   를 만들었다.[•]

이 두 가지 《호남절의록》 기록은 분명히 정걸이 거북선과 판옥
선 건조에 깊이 관여했음을 보여준다. 특히 훗날 전라도 어사 이이
장이 전시도 아닌데 판옥선을 유지하기가 어려워지자 이를 없앨 것
을 아뢰자 영조가 "이는 명장 정걸이 만든 것으로 없앨 수 없는 것
이다"라고 지시했다는 부분은 이를 확증하는 자료다. 이이장은 영
조 15년인 1739년 10월에 호남어사로 임명되었는데 역모와 관련하
여 민심을 수습하라는 명령을 받았다. 그는 이 시기에 수군 기지들
을 돌아보고 현장의 민심을 읽고서는 어려운 백성들의 형편을 살
펴 판옥선이 워낙 커서 개보수에 힘이 든다는 점을 보고한 것으로
보인다. 이보다 훨씬 앞선 명종 때 이준경도 같은 의견을 말한 바 있
었다.

어쨌든 영조가 정걸을 직접 언급한 것으로 보아 판옥선 건조는
정걸의 중요한 업적 중 하나인 것은 분명해 보인다. 판옥선에 대해
뒤에서 다시 다루겠지만 맹선에서 판옥선으로 조선 수군의 주력선

• 《호남절의록》, 261-263쪽.

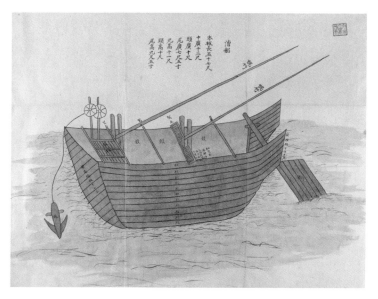

《각선도본》 속 맹선 (소장: 규장각한국학연구원)

을 바꾸는 데 결정적인 역할을 한 사람은 바로 정길을 빌퇴힌 명종 때의 이준경 대감이다. 그는 명종 시절 내내 수군 강화를 외치며 왜 적의 침입을 경계했던 인물이다. 이준경의 부름을 받고 신임을 얻었 던 정걸이 판옥선 건조와 수리를 맡았다. 화포류 생산에 관여한 것 은 당연한 일일 것이다. 이런 정걸이 1592년부터는 아예 전라좌수사 이순신의 조방장이었으니 수군력 강화에 정걸의 역할이 지대했을 것은 자명하다. 말이 조방장이지 이순신과 전라좌수영의 기술 고 문이자 수군의 원로 조력자와 다름없었다. 이처럼 전라좌수영 5관

5포의 전력을 성장시켜 24척의 판옥선을 이끌고 해전에 나갈 수 있게 한 데는 정걸의 절대적 지원이 있었기 때문이라고 볼 수 있다.

정걸의 화포 무기 개발 업적

적선을 파괴하는 전술 중 당파 전술이라는 용어가 있다. 총통의 발사체에 의해 적의 군선을 파괴하는 것이 당파다. 당파 전술을 흔히 전선의 충돌 전술이라고 말하는 이들이 있는데 이것은 오해다. 조선의 강점은 판옥선의 높은 위치에서 화포를 쏘고 적선을 부수는 것이다. 이순신의 수군은 이 전술로 거의 피해를 입지 않고 왜선을 격파했다. 첫해 해전에서 일본 군선 320여 척을 분멸焚滅* 할 때 조선의 전선 피해는 전무했다. 임진왜란 당시에 주력 화기로 사용된 무기는 천자, 지자, 현자, 황자총통 등이었다. 정걸은 판옥선을 건조하면서 이 무기들을 장착하고 발사 훈련을 거듭함으로써 조선 수군의 초기 승전을 가능케 한 절대 공훈을 세운 것이다. 정걸을 상징하는 가장 멋진 무기는 철익전이다. 말 그대로 쇠 날개를 가진 대형 화살로, 대장군전, 장군전, 차대전 등을 말한다. 정걸이 이 대형 화살의 모양을 뱃머리에 붙이고 다니면 왜선이 겁을 먹고 전의를 상실했다는 이야기가 있다. 이 발사체의 특징은 적함을 깨트리기

• 불에 타서 없어짐. 또는 불에 태워 없앰.

위한 쇠뭉치를 선박 앞에 장착하고 큰 발사체가 정확한 궤적을 그리며 잘 날아가도록 하기 위해 몸체의 뒷부분에 쇠로 만든 세 개의 날개를 장착했다. 이 세 개의 날개는 아마도 회전하면서 날아갔을 텐데 이것이 왜선에 박히면 선박의 판자가 갈라지고 부서져 배가 가라앉고 만다. 정걸이 관여한 다른 무기로 눈길을 끄는 것은 화전 火箭이다. 화전은 화약의 연소 가스를 이용하여 화살을 발사할 수 있는 로켓 폭죽과 비슷한 무기였다.

2장

조선 수군 권력의 핵심
천지현황포와 판옥선

허홍범 박사의 천지현황포에 대한 자료를 보면 정걸이 관여한 조
선 수군의 화포 정착과 발사 기술 개발이 얼마나 의미 있는 일인지
알 수 있다.

임진왜란 당시 사용된 함포는 천자총통, 지자총통, 현자총통,
그리고 황자총통 등이다. 천자총통은 가장 큰 것으로 전체 길
이 1.3미터, 포구 직경 13센티미터에 대장군전(약 33.7킬로그램)
을 쏠 경우 사정거리가 900~1,300보인 것으로 알려졌는데, 사
정거리를 1,200보 정도로만 보아도 약 1,440미터에 이른다. 그

러나 현실적으로는 천자총통 사격 시 포의 고각이 10도일 경우 289미터, 20도일 경우 525미터, 44도의 경우 786미터 정도로 추정된다고 한다. 지자총통은 주철포로 길이 89센티미터, 구경 10.5센티미터, 무게 92킬로그램으로, 탄환으로 장군전을 사용할 경우 사정거리는 1,080미터 정도였다고 한다. 현자총통은 길이 74센티미터, 구경 6.4센티미터로, 차대전을 쏠 경우 960미터 정도 날아갔다고 한다. 황자총통은 길이 52센티미터, 구경 4.3센티미터로, 차중전을 쏠 경우 1,320미터를 날아가는 것이었다. 이들 함포로 철환을 포탄으로 사용하여 시험한 결과 지자총통 550미터, 현자총통 1,250미터, 황자총통 1,590미터 등의 사거리를 얻었다.[*]

그러나 허 박사의 기록처럼 실제로 화포의 사거리가 1킬로미터를 넘는다 해도 그것이 유효 사거리라고 볼 수는 없다. 조총이 50보, 길어야 100보 정도 떨어져서 사격한 것을 보면 총통류는 200~300미터 정도가 실제 유효 사거리였을 것으로 보는 전문가들이 많다. 바다에서의 사거리는 파악하기도 어렵고 발사를 하는 것 자체도 배의 흔들림 때문에 쉽지 않았을 것이다. 이 때문에 이순신과 정걸은 수

[*] 허홍범, 〈16세기 말 영국해군과 조선수군 비교〉에서 재인용.

진주성 천지현황포 모형

한산정 (ⓒ한국학중앙연구원)

많은 사격 훈련과 활쏘기 훈련으로 왜선을 공략하는 노하우를 익혔다.

이순신이 바다에서의 활쏘기 연습을 위해 훈련을 했던 곳이 바로 한산정이다. 한산정은 제승당과 더불어 충무공이 생전에 직접 활동했던 무대다. 이곳에서 바다 건너편 과녁까지의 거리는 약 145미터나 되었다. 이순신이 이곳에 활터를 세운 것은 밀물과 썰물을 왕복하는 남해의 물길을 미리 알고 실전 거리의 적응 훈련이 필요하다고 여겼기 때문일 것이다. 《난중일기》에는 이곳에서 활쏘기 내기를 하고, 진 편에서는 떡과 막걸리를 내어 배불리 먹었다는 기록이 있다. 활쏘기처럼 총통 쏘기도 분명 많은 연습을 해서 실전에 활용했을 텐데 지금 그 흔적을 찾지는 못하고 있다. 하지만 《난중일기》 임진년 2, 3월 기록을 보면 포 쏘는 훈련을 계속하고 있었음을 알 수가 있다.

임진년(1592) 2월 22일
더불어 포를 쏘는 것을 자세히 살펴보았다.

임진년(1592) 3월 27일
쇠사슬을 가로로 설치하는 것을 보았다. 내내 나무 기둥을 세우는 것을 자세히 살펴보았다. 더불어 거북선에서 포를 쏘는 것을 시험했다.

여기서 포는 천지현황 총통을 말한다. 총통을 쐈다고 해서 드라마에서처럼 강력한 폭발이 일어나고 선박을 천 갈래 만 갈래 폭파하는 일은 불가능하다. 하지만 멀리 날아가서 선박의 판자를 깨고 선체를 부수는 대장군전을 장착해 발사하면 적선을 파괴하는 데 큰 효과를 볼 수 있었다. 왜선은 기동성을 높이기 위해 선체 목재를 두껍게 쓰지 않아 대장군전 한 발이면 배에 큰 타격을 입힐 수 있었다. 천자총통류에는 산탄류의 탄알을 집어넣어 대량의 적을 제압하는 데도 썼다고 한다. 정걸은 이 과정에 깊이 관여하고 조선 수군의 전투 전력을 향상시키는 데 앞장섰다.

판옥선 개발자로서 정걸에 대한 기록

판옥선 개발자로서의 정걸에 대한 당시 후손들의 기록을 살펴보고 싶었다. 정걸의 후손들은 그를 흠모하고 존경하여 기록을 남기고 싶었을 것이다. 역사 자료를 볼 때 사적 기록이나 족보, 사적, 편지, 신도비, 위령비 등은 정사의 기록만큼 객관적이라고 보기 어렵기는 하지만 그럼에도 구전이나 몇몇 전설처럼 내려오는 기록들이 허위라고 잘라 말하기도 어렵다. 사설 기록이 실록이나 기사, 기타 고전 문서에 비해 신빙성이 떨어지거나 과장·왜곡된 면이 있을 수 있지만 판옥선을 처음 설계한 분이라는 것과 같은 중차대한 일을 명문가의 후예로서 허위로 과장한다는 것은 생각하기 어렵다. 수백 년의 세월이 지났으니 믿기 어렵다는 의견이 있을 수 있지만 당대 후손들이 남긴 기록을 읽을 사대부들이나 무관들이 거짓말로 여길 내용을 남겨두기는 힘들 것 아닌가? 세부적인 이야기는 곁길로 새거나 왜곡, 편견, 과장이 있을 수 있으나 판옥선을 처음 개발했다는 이가 정걸이 아닌데 정걸이라고 쓰기에는 무리가 있지 않았을까?

필자가 쓴 책《기업가 문익점》에도 문익점이 가져온 목화씨를 누가 키우고 개량했는지에 대해 여러 가지 이론과 주장을 내세웠다. 그러나 문익점이 목화씨를 처음 가져왔다는 사실 자체를 의심하지는 않았다. 다른 사람이 가져왔다고 주장하기 어려운 당대 지식인들의 눈이 있었기 때문에 이것을 정설로 보는 것이다. 마찬가지로 정걸도 판옥선을 처음 개발, 건조했다는 것에 대한 이설이 나온 것도 없는데 그가 아니라고, 사적 기록에 신빙성이 없다고 주장하는 것도 무리가 있다. 이욱 교수도 "이미 기존 연구에서 밝히고 있는 바, 판옥선이 을묘왜변이 일어난 1555년 9월에 처음으로 시험되었고, 그로부터 11년이 지난 1566년에는 상당량의 판옥선이 건조되었다. 이때는 정걸이 을묘왜변 참전 후 녹도와 제주로 후퇴한 왜구를 추격하던 시기와 맞아떨어진다. 때문에 판옥선을 시험 운행할 때 그가 어느 정도 역할을 했을 가능성도 있다"고 판단하는 것이다.

3장

임란 초기의 결정적 역할

연전연패하던 임진왜란 초기에 수군의 승리는 실의에 빠진 조정과 백성들에게 왜적을 이길 수 있다는 희망을 품게 한 멋진 쾌거였다.

날짜	해전	성과
1592. 5. 27.	옥포해전	일본 함대 26척 격파
1592. 5. 29.	사천포해전	일본 함대 13척 격파
1592. 6. 2.	당포해전	일본 함대 21척 격파
1592. 6. 5.	당항포해전	일본 함대 26척 격파
1592. 7. 8.	한산도대첩	일본 함대 66척 격파
1592. 9. 1.	부산포해전	일본 함대 100여 척 격파

날짜	해전	성과
1594. 3. 4.	제2차 당항포해전	일본 함대 31척 격파
1597. 9. 16.	명량해전	일본 함대 31척 격파
1598. 11. 18.	노량해전	일본 함대 450척 격파

옥포해전은 1592년 음력 5월 7일에 경상도 거제현 옥포에서 벌어진 왜군과의 첫 승전이었다. 충무공 이순신, 원균, 권준, 정운, 무의공 이순신, 어영담 등이 함께 참전했고 왜군은 도도 다카토라, 호리노우치 우지요시가 적선을 이끌었다. 조선 병력은 판옥선 28척, 협선 17척, 포작선 46척이었고, 왜선은 전선 50척이었으나 규모로 보면 직접 전투에 나설 수 있는 전선의 수가 적어 불리한 구도였다. 그럼에도 이 전투가 끝난 후 조선 수군의 부상자는 1명에 불과했고 왜군은 전선 26척이 침몰하는 대승리를 거두었다. 이로써 이순신의 조선 수군이 남해 제해권을 장악하는 계기가 되었다. 과연 이순신과 정걸이 심혈을 기울여 키워온 전라좌수영 5관 5포 장졸들은 놀라운 승리를 만들어냈다. 이순신의 〈옥포파왜병장〉에 그 기록이 그대로 드러나 있다.

낙안군수 신호가 왜적의 큰 배 한 척을 쳐부수고 머리 하나를 베었다 … 보성군수 김득광은 왜적의 큰 배 한 척을 쳐부수고 우리나라 포로 한 명을 다시 빼앗고 … 흥양현감 배흥립은 왜

143

사도진 앞바다

의 큰 배 두 척, 광양현감 어영담은 중간 배 두 척, 작은 배 두 척, 방답첨사 이순신은 큰 배 한 척, 사도첨사 김완은 큰 배 한 척, 군관보 이춘은 중간 배 한 척, 발포가장 훈련봉사 나대용은 큰 배 두 척, 녹도만호 정운은 중간 배 두 척, 여도권관 김인영은 중간 배 한 척, 순천대장 전 봉사 유섭은 큰 배 한 척과 우리나라 포로 소녀 세 명을 도로 빼앗고 …●

● 이순신역사연구회, 《이순신과 임진왜란 4: 신에게는 아직도 열두 척의 배가 남아 있나이다》, 비봉출판사, 71쪽.

5관 5포 용맹한 장수들의 화려한 전적이 아주 구체적으로 기록되어 있다. 이순신은 1592년 첫해 네 차례의 출전과 10회의 크고 작은 해전에서 전승을 거두어 패전으로 침체된 전쟁의 국면을 전환시켰다. 특히 1차 출전, 즉 옥포, 합포, 적진포 해전에서 모두 44척의 왜적선을 분멸하고, 싸워 이길 수 있다는 자신감을 갖게 되었다는 점은 큰 수확이었다. 이때도 정걸의 활약에 대한 기록이 제대로 나타나지 않은 것은 안타까운 일이지만 이순신의 가장 중요한 참모로서 어떤 방식으로든 참전했을 것으로 보인다. 아마도 이순신은 정걸의 77세 나이를 고려하여 후방을 관리하는 임무를 부여한 것이 아닐까 생각된다. 흥양 선소에서 전선 건조나 수리, 발포·녹도·사도·여도의 군사 훈련, 수군 후방의 전비 물자 관리까지 많은 책임을 짊어져야 하는 중요한 임무였다. 현재의 군수사령관 정도에 해당하는 임무였다. 전투가 끝나고 승리로 얻은 노획품 관리도 정걸의 몫이었을 가능성이 높다. 전투에 지쳐 돌아온 젊은 장수들보다는 경험과 경륜을 갖춘 정걸이 해줘야 할 일이기도 했다. 옥포승첩을 이루고 돌아온 이순신은 전투에서 얻은 노획품을 골고루 나누어주도록 했다. 그 양이 무려 다섯 칸 창고에 차고 넘쳤다고 한다.

쌀 300여 섬은 노 젓는 군사와 활 쏘는 군사들 중 배고픈 이들에게 적당히 분급하고 의복과 무명베 등은 모든 군사에게 두루 나누어주었다. 왜적을 무찌르고 나면 이익이 따른다는 마음이 생기도록 해 군사들의 사기를 돋운 것이다. 또 전쟁에 쓸 수 있는 물품은 분류해 따로 잘 간수해두었다.*

이처럼 중요한 일을 차질 없이 해낼 수 있는 인물로 정걸 말고 누가 또 있을까? 정걸의 이름이 나타난 것은 같은 해 1592년 5월 29일 2차 출전이었다. 조방장 정걸을 흥양현에 머물게 했다는 기록이 나오는 것으로 미루어 1차 해전인 옥포해전에서도 그랬을 것으로 추측된다. 제2차 출전에 나타난 정걸의 관련 기록은 다음과 같다.

전 만호 윤사공을 유진장으로 임명하고, 수군 조방장 정걸에게는 좌도의 각 진포에 지휘할 사람이 없으므로 흥양현에 머물러 지키면서 계책에 맞게 호응하고 만일의 사태에 대비하도록 또한 지시하였습니다.

《충무공전서》2권, 〈당포파왜병장〉

이순신이 전라좌수영의 장병들을 이끌고 출동하면 1관 4포가 배속된 흥양의 남은 군을 통솔할 사람이 없어진다. 이에 흥양을 가

• 김종대, 《이순신, 신은 이미 준비를 마쳤나이다》, 시루.

장 잘 아는 노장 정걸에게 유진의 임무를 맡긴 것으로 볼 수 있다. 머물러 지키면서 계책에 맞게 호응하고 만일의 사태에 대비하게 할 인물로 정걸 만한 장수는 없었다. 이것은 이순신의 유비무환 철학에 딱 맞는 참모 운용술이다. 만에 하나 본진이 패하더라도 돌아올 수군 기지가 있다면 재기를 도모할 수 있고, 전투가 계속 백중세이면 보충병을 이끌고 지원할 수 있어야 한다. 왜적과의 1차 해전에서 승리를 거두긴 했으나 아직 적군의 전력을 완전히 파악하지 못한 이순신으로서는 당연한 부대 편성이었다. 이러한 진술에 대해 누구보다 잘 알고 있었을 정걸이었다. 두 사람의 환상적인 호흡이 초기 해전 승리의 바탕이 되었음을 엿볼 수 있다.

4장

최고실무운영책임자 정걸

필자는 정걸에게서 경영자로서도 대단한 능력을 엿볼 수 있었다. 이순신의 전라좌수영과 후일 삼도수군통제영을 기업의 관점으로 보면 정걸의 역할은 현대 기업에서 탁월한 COO Chief Operating Officer 를 연상케 한다. COO는 기업 내의 사업을 총괄하며, 일상 업무를 원활하게 추진하기 위한 의사 결정을 행하는 최고실무운영책임자 를 말한다.

이순신이 관장하던 당시의 전라좌수영과 삼도수군통제영에서는 조정에서 무기나 식량, 보급품 등을 받지 못해 스스로 식량과 군선

제조와 수리 등을 해결해야 했다. 현대식 군대처럼 정부가 병력과 무기와 군복, 각종 생필품을 지원해주는 시스템이 아니라 자립적인 군대를 만들어 무기와 보급품, 식량, 병력까지 보충하면서 전투를 해야 하니 이는 하나의 기업을 운영하는 것과 마찬가지로 많은 부분을 챙겨야 하는 것이었다. 정걸은 실무 사업의 총괄책임자COO로 이 모든 짐을 스스로 지고 이순신을 섬겼다. 그는 섬김의 리더십으로 이순신에게 자신의 능력을 아낌없이 베풀고 자신의 역할을 다하고는 기꺼이 떠난 호걸이기도 했다.

문헌을 보면 당시 전라좌수영의 상황을 알 수 있는 기록이 있다. 김종대 국회 공직자윤리위원회 위원장의 〈이순신 한산도 체류에 대한 연구와 글〉을 보면 "군사들은 하루가 멀다 하고 활 쏘는 연습을 실시했다. 그뿐 아니라 각 고을별로 새 전함을 만들고 배를 지을 격군과 활을 쏠 사람들을 보충하도록 했으며 그들을 먹이고 입힐 군량과 군수 물자를 확보하느라 소금도 굽고 고기도 잡고 농사도 지었다. 고기를 잡아서 팔아 군량미로 바꾼 일은 그의 일기에 자주 등장하는데 을미년 11월 21일 일기는 이러하다"고 나와 있다.

청어 1만 3천 240두름*을 곡식과 바꾸려고 이종호가 받아갔다.

---

* 물고기를 두 줄로 엮어 20마리씩 묶어놓은 것을 부르는 단위. 엄청난 양의 청어를 군량미로 바꾼 것이다.

자급자족을 위해서는 관리와 감독이 필수적이다. 행정력도 필요하고 민심을 얻어야 하니 대민 설득력도 갖추어야만 한다. 민과 군의 협조 체제를 구축하고 백성들을 달래가면서 군과 백성이 하나가 되어야 효율적인 수군 통제가 가능해지는 것이다. 이순신의 경우 2차 해전인 율포승첩 후에 웅천 등 7~8개 고을의 피난민들이 산속에 숨어 난리를 피해 있다가 승리한 소식을 듣고 달려 나오자 그들에게 노획한 쌀과 옷과 베를 나누어주게 했다. 피난민 가운데 가족을 데려와 살려달라고 요청하는 이들이 200여 명 정도 되자 그들을 본영 가까운 곳으로 데리고 와 거처를 마련해주기도 했다. 그런 곳 중에 하나가 지금의 돌산 둔전이다. 피난민들은 전라좌수영이 마련해준 거처에 살면서 둔전을 개간해 농사를 지어 쌀을 제공하며 상부상조 구조를 형성했던 것이다.

이 잡다하지만 중요한 일들을 효과적으로 관장하고, 보이지 않는 곳에서 묵묵히 일을 수행할 인재로 누가 있을까? 공명심으로 똘똘 뭉친 패기 있는 젊은이들이 넘치는 마당에 빛나는 장수들 뒤에서 자신만의 일을 꿋꿋이 해나가는 숨은 공로자 역할을 할 사람이 누구였을까?

이 모든 질문에 딱 들어맞는 인물, 그가 바로 정걸이다. 그는 일찍이 육군으로는 병사, 수군으로는 수사로 명예와 권력을 경험한 터라 더 이상 욕심이 없었을 것이다. 행정과 군수, 전투에 모두 참여해본 경륜이 있으니 그에게 자세히 요구하거나 가르칠 필요도 없었을 것이다. 그는 이순신의 진정한 참모이자 COO로서 임진왜란 승전의 숨은 주역이었다.

5장

전선과 전투 지휘 체계를 개선하다

이순신은 전라좌수사로 부임 후 1년 2개월 동안 쉬지 않고 전쟁 준비를 해나갔다. 이 중에서 백미는 역시 판옥선 건조와 거북선 개발에 성공한 점이다. 그는 정걸과 함께 다가올 전쟁에 대비, 왜선과 싸워 이길 묘책을 세워나갔다. 거북선 개발에는 정걸 외에도 나대용이 크게 도움을 주었다. 개발 과정을 자세히 살펴보려면 명종 시절로 거슬러 올라가야 한다. 1555년(명종 10) 을묘왜변이 일어나자 조선은 왜선의 발전에 경악하고 이를 유심히 관찰하기 시작했다. 명종은 왜변이 일어나서 이를 방비하기가 어려워짐을 깨닫자 중신들을 불러 의견을 물었다. 1555년(명종 10) 5월 16일의 일이었다.

사정전에서 심연원 등을 인견하여
달량의 왜변에 대한 방책을 듣다

이준경은 아뢰기를,

"본도의 진에 있는 군졸들은 쓸 수가 없고, 본도의 사족土族 중에 무재武才가 있는 사람이 매우 많으니 뽑아내어 나가 싸우도록 한다면 적들을 제어할 수 있고 국가의 위령威靈도 또한 믿을 만한 것입니다. 다만 창고가 고갈되어 군량을 대기 어려울 것이니 이것이 진실로 염려됩니다" 하고,

안현은 아뢰기를,

"왜놈들이 육지에 내려와 있어 그들의 칼날을 상대하기가 어려울 것이니, 반드시 사잇길로 가서 직들의 배를 부수어버린 다음에야 거의 막아낼 수 있을 것입니다. 지금 동철이 모자라 총통을 마련하기 어려운데 미리 준비하지 않는다면 후회해도 소용없을 것입니다" 하고,

심연원은 아뢰기를,

"전에는 왜선을 얇은 판자로 만들었기 때문에 부수기가 매우 쉬웠는데 지금은 중국인들과 교통하여 배를 아주 견고하게 만

들었으므로 총통으로도 부술 수가 없습니다. 또한 왜놈들이 사용하는 총통이 극히 교묘하므로 지금은 왜놈들을 막기가 그전보다 어렵습니다" 했다.

필자는 이 실록에서 언급한 세 사람의 이야기야말로 조선 집행부가 왜적에 비해 열세인 우리 수군의 단점을 잘 알고 있었다는 반증이라고 생각한다. 병력의 열세, 군량 부족, 총통의 부족, 전선의 선체 벽들이 전부 열악한 상태라 이런 상태로는 전쟁을 치를 준비가 전혀 안 되어 있다는 보고였다. 또 선박의 경우만 봐도, 기존 조선의 전선인 맹선으로는 왜구들의 배를 부수기가 쉽지 않다는 것을 보여준다. 맹선은 조운선으로 쓰기도 하고 전선으로 쓰이기도 했지만 백병전을 주로 하는 왜구가 왜선에서 줄을 걸고 우리 배에 뛰어들어 휘저으면 막아내기 어려운 구조였던 것이다. 한편 이준경은 당시 도순찰사로 정걸과 방진을 기용하면서 특히 정걸의 특장점을 발견한다. 지리와 해전에 능숙하고 선박 기술에 해박한 인물임을 깨달았던 것이다. 이에 이준경은 왜선을 격파하고 이길 방법을 다양한 방법을 찾다가 정걸이 전문가임을 알아보고 그를 중용했던 것으로 짐작된다. 이 둘은 실제 전투 현장에 참여하면서 나라를 생각하고 백성을 사랑하는 데 있어 한마음 한뜻임을 알게 되어 친밀한 사이가 되었다. 그렇게 하여 정걸은 자신보다 한참 상관인 이준경

《국역 동고유고》(수원대학 동고연구소, 1986)

과 자주 편지를 나누는 막역한 사이로 발전한 것 같다.*

전투 지휘 체계를 보완하다

당시 이준경은 전라감사로 나간 형 윤경에게 여러 통의 편지를
보내면서 수군과 육군의 협조와 병사 훈련, 또 판옥선 건조의 숫자
를 염려하곤 했다. 배가 너무 많아도 배를 다룰 수군이 없음을 걱정

● 이준경, 《동고유고》, 〈이준경과 정걸의 편지〉, 230쪽.

했고 배가 지나치게 크면 안 된다는 당부를 하기도 했다. 또 배 만드는 일이 급선무이니 공정 기한만 잘 감독하라고 권하기도 했다. 그는 특히 포작간에 대해 여러 가지 설명과 당부를 해두곤 했다. 포작간이란 고기 잡고 미역 따는 일을 하는 이들을 일컫는데 이들이 타는 배는 포작선이라 해서 대단히 빨라 때로는 전선으로 이용하기도 했다. 이준경은 판옥선이 건조 비용도 들고 인원도 많이 필요하기 때문에 포작선을 잘 활용하도록 권하고 있다. 큰 배는 운용하기가 생각보다 어렵다. 설계부터 자재 확보, 조선 기술자의 배치와 적용, 건조도 힘이 들지만 더 어려운 것은 단독 출항으로는 적을 부수기가 쉽지 않다는 점이었다. 정탐을 위한 포작선, 소선, 중선과 편제를 이루어 함께 협동 작전을 펼쳐야 했다. 그래서 이준경은 병조판서 시절부터 좌의정, 영의정으로 올라섰어도 늘 조선 수군의 강화에 깊은 관심을 보였다.

정걸은 이런 이준경의 관심과 기대를 현장에서 해결해줄 수 있는 충실한 일꾼이었다. 그가 이준경, 이윤경 형제 사이에서 전투 현장과 지휘부의 괴리를 막아주고 현장의 어려움을 알리는 눈과 귀 역할을 하는 데 앞장선 것은 기록으로도 남아 있다. 날짜는 명확하지 않으나 정걸이 편지를 보내온 것을 이준경은 《동고유고》에 기록해 두었다. 정걸이 현장에서 살펴본 바로는 육군과 수군의 전투에서 형명形名이 없음이 염려된다는 내용이었다. 여기서 형명이라 함은 깃발과 꽹과리를 말한다. 지휘부가 북을 쳐 군대의 진퇴를 지시, 하달할 때 수신호를 쓰는 도구로 깃발과 꽹과리는 명령을 보조하는 도구였다. 사전에 약속하여 깃발로 공격과 후퇴, 총포 사격과 중지 등을 지시하는 것이다. 전장에서 장수가 공격을 지휘하면서 '전군 공격하라'라고 외치는 장면은 드라마에서나 가능한 일이다. 전투가 벌어져 화포와 군사들의 고함과 칼과 창이 부딪치는 난장판 싸움 속에서의 지휘 도구는 목소리가 아니라 깃발과 북소리와 꽹과리 소리와 효시라고 불리는 화살 등이었다. 북을 세 번 치면 전진하고 연달아 치면 달려가며 붉은 깃발을 들면 화포를 쏘고 흰색 깃발을 들면 후퇴한다는 식이다. 사전에 엄격한 훈련을 통해 모든 병사는 깃발과 북소리에 따라 움직이도록 훈련되어 있었다. 그런데 정걸이 현장에 가보니 형명 자체가 턱없이 부족했던 것이다. 형명이 부족하여 수군 통솔은 물론 육군을 지휘하는 것에도 어려움을 호소한 것으로 보인다. 이준경은 현장의 소리를 형과 자신의 수족인 정걸을 통해 파악했다. 이 편지의 답장에서 이준경은 형인 이윤경 전라감사에게 전에 자신이 기치를 많이 만들도록 지시했는데 그것을 확인해주기를 부탁하고 있다. 기치는 군에서 쓰는 전투의 각종 명령을 전달하는 깃발을 말한다.

무릇 기치가 선명하고 군용이 엄숙하면 적의 기세를 죽일 수 있는데 이것은 예부터 군사를 잘 쓰는 자의 한 가지 일이었습니다.

정걸은 이렇게 이준경 대감의 지시를 잘 수행하는 한편 스스로도 우리 실정에 맞는 선박 건조와 보수, 이를 잘 활용할 수군을 조련하는 데 깊이 관여한 것으로 보인다. 그리고 가장 큰 업적인 화포 개발과 보완에서의 정걸의 역할은 이렇게 정리된다.

명종 12년부터는 해전에서 사용할 천지현황天地玄黃 등의 대형 화포를 제작하는데 이때 만든 총통은 임진왜란 해전에서 사용 되었고 현존하는 최고의 화기 유물로 남아 있다.*

---

* 이민웅,《임진왜란 해전사》, 청어람미디어, 42쪽.

6장

조선 수군의 전투함을 개량하다

《임진왜란 해전사》를 저술한 이민웅 교수에 따르면 조선은 16세기 전까지 소형 선박 중심의 수군 체계를 유지하고 있었다. 소맹선이 다수를 차지했던 것이다. 그러다가 사량진왜변과 을묘왜변 이후 판옥선 체제로 일변했다. 왜선이 더 튼튼해져 공격이 어려워졌기 때문이다. 사실 맹선은 조선 전기의 전형적인 선박이었다. 어선이 아닌 군선의 일종이었고 나라의 세금을 실어나르는 조운漕運에도 겸용할 수 있는 선박으로 재래의 전통적인 평저 구조, 즉 배의 밑바닥이 편평한 것이 특징이었다. 1461년(세조 7) 10월 신숙주申叔舟가 군선을 개량하여 군용과 조운에 겸용할 것을 주장하여 1465년에 개발한 병조선兵漕船이 맹선의 시초이다. 이후 대, 중, 소맹선으로 불리었는데 조선 전기에 전국 주요 항구에 배치된 대맹선의 수는 80척에 이르렀다고 한다.

이 맹선은 세곡선으로 사용할 때는 특별한 문제가 없었는데 군선으로 사용할 때 상당한 약점이 노출되곤 했다. 실제 전투에서 노를 젓는 노군과 전투원이 같은 층에서 한데 섞여 전투를 하다 보면 왜선에서 조총으로 우리 배를 공략할 때 피해가 클 수밖에 없었던 것이다. 전투병보다 노군이 적에게 노출되는 약점을 보완할 필요가 있었다. 이를 개선하여 나온 것이 판옥선이었다. 판옥선이 전선인지는 명확하지 않으나 실록에선 전선이라 부르는 경우가 많았기에 그렇게 보기로 하자. 판옥선에는 맹선의 약점을 극복하고자 갑판 위에 상장 갑판을 설치했다.

이민웅 교수의 분석에 따르면 판옥선은 평선인 맹선을 보완해서 배 위 네 귀에 기둥을 세우고 사면을 가려 담장을 치고 마룻대를 얹었다. 지붕을 덮어 2층 구조로 된 선박이 되니 노군들은 아래층에, 전투할 병력은 위층으로 구분해 피해를 크게 줄일 수 있었다. 판옥선의 승선 인원은 120~130명, 나중에는 200명까지 탑승할 정도로 커졌다고 한다. 게다가 높은 2층 구조의 선박이라 백병전을 좋아하는 왜구들이 쉽게 기어오를 수가 없었다. 판옥선은 바닥이 맹선의 구조와 같아 그 자리에서 360도로 돌아나갈 수 있고 큰 배의 약점인 기동성을 보강할 수 있었기에 왜군들이 겁을 냈다. 조선식 노는 서양식 노와 달라 노가 선박 밖으로 나가지 않고 서 있는 형태이기 때문에 배가 충돌할 때도 파괴되지 않고 보존될 수 있었다. 또 그 자리에서 360도 회전이 가능하여 방향을 바꾸고 총통을 상대방에게 쏠 때 아주 유리했다.

왜적선에 대응해 판옥선을 적극 개량하다

앞서 이야기했지만 왜구들은 주로 상대 선박에 갈고리 등으로 줄을 걸어 넘어 들어가서 일대일 백병전을 하는 것에 능했다. 서로 치고받고 칼을 흔들며 싸울 때는 전투 경험이 많은 배짱 있는 자들이 승리하는 법이다. 극도의 혼란을 겪는 와중에 일사불란하게 조선의 전선을 점령하고 군사와 노군을 죽이고는 갖은 노략질 후에 배를 불살라버리고 퇴각하는 식이었다. 왜군의 선투 선박으로는 중대형급 세키부네関船와 대형 아타케부네安宅船가 주로 사용됐다.

세키부네는 아타케부네보다 공격력이나 방어력은 열악했지만 회전력이 좋고 속도가 빨랐기 때문에 기동력이 우수했다. 아타케부네는 주로 고급 장수들이 탄 배로 전투 지휘용으로 사용되었다. 이와 같은 왜군의 주력 전함과 전투 형태에 대응해 만든 판옥선은 주 갑판 위에 선체 전면에 다시 상장을 걸쳐 배를 높게 만들었기 때문에 전투원이 상대적으로 높은 위치에서 싸울 수 있도록 한 것이 특징이었다. 왜구가 배에 아예 오르지 못하도록 설계했기에 왜선과의 전투에서 유리한 장점을 갖추었던 것이다. 그 당시에 왜선은 길이가 길고 우리 배는 짧은 편이었지만 폭이 넓어 민첩하게 움직여 기동성이 뛰어났다. 반면 배의 무게를 줄이려고 판재를 많이 쓰고 두꺼운 판재도 쓰지 않아 구조적인 약점을 가지고 있었다. 이에 정걸과 이순신은 화총통으로 공격하고 적의 배를 불태우거나 부수고 거북선으로 돌격하여 적선을 파선하는 전투 방법을 채택했고 이를 자주 연습하여 적을 공략하는 데 활용했다. 또 최무선과 아들 최해산이 개발한 총포 전투법으로 총포를 활용한 함포전이 가능해진 것이 조선 판옥선의 특징이기도 했다. 참고로 판옥선의 승선 인원은 125명에서 최대 200명이었고 왜군의 주력선인 세키부네는 최대 100명 정도 승선이 가능한 크기였다.

거북선의 개발

사실 거북선은 판옥선을 개량하여 건조한 것으로 정식 명칭은 귀선龜船이고 판옥선의 상체 부분을 개량해서 덮개를 덮은 구조다. 거북선의 속도를 6~8노트로 추측하고 있어 판옥선도 이와 비슷할 것으로 보고 있다. 1층 갑판에는 조선식 노를 설치하여 격군들이 노를 젓고, 2층에는 지휘부가 자리 잡은 '장대'를 설치하고, 갑판 둘레에는 큰 방패를 두르고 각종 화포를 장착했다. 남천우 전 서울대

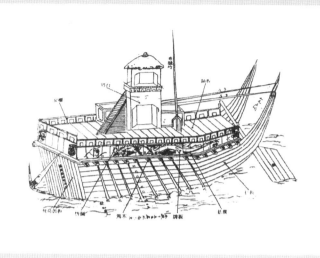

판옥선

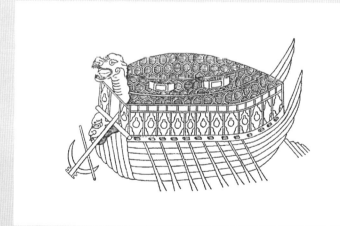

거북선

학교 물리학 교수는 거북선 최고의 강점으로 기동성을 꼽고 있다. 물론 아직도 실물 거북선이 발견되지 않아서 정확한 구조에 대해서 2층 구조, 반 2층 구조, 3층 구조 등 여러 의견이 있다. 정걸, 나대용 등의 장수들과 선박 건조 기술자들이 개발한 것으로 알려진 거북선의 실체는 《선조수정실록》 1592년(선조 25) 5월 1일의 기사에서 비교적 자세히 기록되어 있다.

이에 앞서 순신은 전투 장비를 크게 정비하면서 자의로 거북선을 만들었다. 이 제도는 배 위에 판목을 깔아 거북의 등처럼 만들고 그 위에는 우리 군사가 겨우 통행할 수 있을 만큼 십자로 좁은 길을 내고 나머지는 모두 칼·송곳 같은 것을 줄지어 꽂았다. 그리고 앞은 용의 머리를 만들어 입은 대포 구멍으로 활용하였으며 뒤에는 거북의 꼬리를 만들어 꼬리 밑에 총 구멍을 설치하였다. 좌우에도 총 구멍이 각각 여섯 개가 있었으며, 군사는 모두 그 밑에 숨어 있도록 하였다. 사면으로 포를 쏠 수 있게 하였고 전후좌우로 이동하는 것이 나는 것처럼 빨랐다. 싸울 때에는 거적이나 풀로 덮어 송곳과 칼날이 드러나지 않게 하였는데, 적이 뛰어오르면 송곳과 칼에 찔리게 되고 덮쳐 포위하면 화총을 일제히 쏘았다. 그리하여 적선 속을 횡행하는데도 아군은 손상을 입지 않은 채 가는 곳마다 바람에 쓸리듯

적선을 격파하였으므로 언제나 승리하였다.

즉, 거북선은 판옥선의 개량형 돌격선이었던 것이다. 판옥선 자체만으로도 왜선을 이길 수 있는 전략적인 전선이었다. 높은 상판 구조에서 사수가 포나 활을 쏘기에 유리하고, 조선의 총포 성능이 뛰어나 왜선을 파괴하고 침몰시키는 공격력도 탁월했다. 여기에 함대 운용에 거북선을 활용하면 적을 놀라게 하고 혼란에 빠지게 만들어 전투의 기선을 잡고 선봉 적선들을 부수는 데 탁월한 쓰임새가 있었다.

을묘왜변 이후에는 가장 중요한 전선으로 자리매김한 조선 수군의 주력 군선은 판옥선으로, 임진왜란을 앞두고 개발된 거북선이 힘을 보태면서 이순신의 23전 23승의 전무후무 승전 기록이 나오게 되었다.

7장

부산포해전 참전과 충청수사 승진 발령

3차 출전이었던 한산도대첩에 정걸이 참여했는지에 대한 확실한 기록은 없다. 역시 그는 흥양에 머물면서 후방을 지키는 군수사령관 역할을 했을 것으로 추측된다. 이민웅 교수는 정걸의 업적을 이야기하면서 4차 출전과 부산포해전에 주목했다. 이 교수의 설명을 들어보자.

제4차 출전은 이전의 출전과 비교해서 다른 점이 몇 가지 있다. 첫째는 전체 전력이 전라도 수군만 전선 74척, 경상도 수군까지 합하면 80척 이상으로 기존 한산도대첩 때보다 25퍼센트 이상

증가했다는 것이다. 둘째는 전라우도 수군이 8월 1일 좌수영인 여수에 와서 20일 이상 머물면서 명실공히 통합 함대로서 함께 훈련한 것이다. 셋째는 전라좌수사 이순신이 처음부터 부산포를 목적으로 삼고 계책을 마련하고 있었다는 것이다. 이전에는 적을 찾아 발견한 뒤에 격파한 해전이었다면, 제4차 출전은 일본 수군의 근거지를 공략하기 위해 전라좌수사 이순신이 원균, 이억기, 그리고 정운 등과 함께 '부산이 적의 근거지가 되어 있으니 그 소굴을 없애버려야만 적의 간담을 서늘하게 할 수 있다'고 판단하고 사전부터 논의한 것이다. 이 논의에 조방장 정걸이 함께했음은 《이충무공전서》의 행록과 행장에 모두 나온다.[•]

전라좌수사 이순신은 4차 출전 결과 보고의 시두에서 8월 24일 전라우수사 이억기 등과 조방장 정걸도 함께 거느리고 남해 땅 관음포에 이르러 초일 밤을 지냈다고 기록하였다. 정걸이 처음으로 해전에 본격적으로 직접 참여한 것이었다. 곧이어 9월 1일 본격적인 부산포해전이 벌어지는데 그 시작은 8월 24일부터였다. 이순신은 일본 수군이 본거지로 삼고 있던 부산포를 공격하기 위해 24일 전

• 최인선 외,《명장 정걸장군》, 97-98쪽.

라좌우도의 전선을 거느리고 통합 함대로 출전했다. 이에 앞서 정
걸은 거제, 웅천, 부산 등지에 적들이 벌떼처럼 주둔해 있는 곳을
정찰하고 나서 이순신에게 "부산은 적의 본거지이니 급히 그곳부
터 격파하면 나머지 다른 곳은 곧 뒤따라 와해될 것이다"라고 조언
했다. 이에 이순신이 그의 제안을 받아들여 부산포해전을 준비한
것으로 정걸의 신도비*는 기록하고 있다. 또한 이순신이 정걸의 공
적을 장계에 올려 자헌대부 겸 대수사조방장에 올랐다는 기록을
전하고 있다. 자헌대부면 정2품 품계다. 한편 신도비에는 실록이나
《난중일기》어디에도 없는 이후 1594년 갑오년 기록이 있어 여기에
옮겨둔다.

갑오년(1594) 가을에 공(정걸)은 혼자 말을 달려 충무공 막사에
이르러 말하기를 "연해의 군량미나 무기를 선사船師들에게 오
로지 맡겨야 상황에 대처하는 데 흔들림이 없을 것입니다"라고
하자 충무공도 그렇게 여기고 각처에 명령을 내려 선박을 더
많이 만들게 하고 마른 양식도 충분히 확보하게 했다. 대체로
공은 충무공과 함께 병사에 관한 의논을 많이 한 편이었다. 황
호黃床가 흥양현감이 되어 당시 견문을 기록해놓은 글에 보면

• 1946년에 김웅한이 찬하였고 신도비는 1971년에 세워졌다.

"충무공의 아들 예가 정 병사(정걸)가 행주에서 충무로 돌아오
게 된 얘기를 하자 공에게 존경을 표하고 매우 소중하게 여겼
다"고 기록해놓았다.

화준구미에서 부산포까지 승전을 올리다

이순신의 연합 함대는 8월 29일 낙동강하구를 거쳐 9월 1일 부
산포로 향하던 중 화준구미花樽龜尾·다대포多大浦·서평포西平浦·
절영도絶影島 등지에서 적선 24척을 불태우고 부산포 앞바다에 이
르렀다. 화준구미는 부산 사하구 다대동의 화손대花孫臺 부근이다.
이곳에서 일본군과 벌인 전투인데 '구미'란 말은 길게 뻗은 곳이 후
미지게 휘어진 지형을 가리키는 것이다. 이때 왜군은 선창 동편에
470여 척이 줄지어 있었고, 병사들은 주로 언덕을 이용하여 대응할
태세를 보이고 있었다. 적을 확인한 조선 수군 연합 함대 160여 척
은 이순신의 명령과 함께 장사진으로 공격을 개시했다. 우부상右部
將인 녹도만호 정운鄭運, 구선돌격장龜船突擊將 이언량李彦良, 전 부장
이순신, 중위장中衛將 권준權俊 등 제장이 선봉에 서서 군사들을 독
려하여 100여 척을 불태우고 부수었다.《이충무공전서》〈부산포 파
왜병장破倭兵狀〉은 당시 상황을 정확하게 기록하고 있다.

화준구미에 이르러 왜대선 5척, 다대포 앞바다에 이르러 왜대

정운을 기리는 녹도진성의 쌍충사

선 8척, 서평포 앞바다에 이르러 왜대선 9척, 절영도에 이르러
서는 왜대선 2척을 각각 만났는데, 모두 기슭을 의지하여 줄지
어 머물고 있었으므로 3도의 수사가 거느린 여러 장수와 조방
장 정걸 등이 힘을 합쳐 남김 없이 깨뜨리고 …

전라좌우수군, 경상우수군의 여러 장수들과 함께 정걸의 활약
이 있었음을 알려주는 기록이다. 또 부산포해전에서의 정걸과 관련
된 내용이 《선묘중흥지》를 비롯한 사료에 나온다.

정운이 승리한 기세를 타서 앞장 나섰는데 적은 5백여 척의 함

정을 해안에 벌려 세우고 기다리는 것이었다. 조방장 정걸이 정운에게 "날이 거의 저물었고 적의 형세도 성대하니 군사들을 휴식시키고 형편을 살피는 것이 좋겠소. 내일을 기다려서 결전한다 해도 늦지 않을 것이오" 하고 말했으나 정운은 "내가 적과 함께 살지 않기로 맹세했는데 무엇 때문에 내일까지 기다릴 것이오?" 하고 급히 노를 저어 앞장서 나갔다 …•

조방장 정걸이 원거리 항해에 따른 피로를 염려하여 다음 날 전투를 치를 것을 제안하였으나 패기 넘치는 정운이 승리한 기세를 몰아 그대로 들어갔다가 전사한 것을 기록한 것이다. 이 기록은 후일 윤휴의 《백호선생문집》••에도 동일하게 나타난 것으로 필자는 확인한 바 있다. 이순신은 정운의 전사를 그 누구보다 애석해했다. 백선노장 정길의 아쉬움도 컸을 것이다. 조선 수군은 큰 장수를 잃었다.

이 전투에서 조선 수군의 피해는 정운을 비롯하여 전사 6인, 부상자 25인이었으며, 전투가 끝난 후 이순신은 가덕도에 이르러 3도

• 이민웅, 《명장 정걸》, '임진왜란 해전과 정걸 장군', 98-99쪽 재인용.

•• 윤휴의 8대손이 1927년 선생의 시문을 모아 간행한 시문집이다. 21권 사실事實에서 〈통제사이충무공유사統制使李忠武公遺事〉와 〈제장전諸將傳〉 2편을 다루며 임진왜란 때 왜적과 싸워 공을 세운 여러 장수들에 대한 전기를 수록한 것이다.

수군을 해진하고 그날로 귀항했다. 부산포해전 이후 정걸은 이순신의 추천과 후원에 힘입어 충청수사로 옮겨 가게 된다. 임명은 늦어도 1593년 2월이었을 것이다. 이 기간 동안, 그러니까 1592년 9월 2일부터 1593년 2월 정걸이 충청수사로 임명되기까지 두 사람은 어떤 준비를 했을까? 기록이 전혀 없어 알 길이 없지만 전쟁에 대비한 새로운 전술을 준비하고 있었으리라는 것을 짐작하기는 어렵지 않다.

4부

행주대첩과 화살 2만 개

1장

충청수사로 승진한 정걸

노장 정걸은 부산포해전에 참전하여 빛나는 전공을 세웠다. 이 공을 높이 평가한 이순신의 적극적인 추서를 통해 정걸은 충청수사로 승진하여 전라좌수영을 떠났다. 임진왜란이 발발한 지 열 달이 지난 1593년 2월의 기록이다. 그런데 이 대목에서 필자는 한 가지 의문이 생겼다. 이순신은 그토록 존경하던 대선배 정걸을 왜 자신의 곁에서 떠나도록 상신했을까? 정걸은 그렇게 아끼고 존중했던 이순신 곁을 왜 떠났을까? 풍부한 경험과 경륜을 가진 정걸의 지혜는 이순신과 전라좌수영 장수들에게 여전히 필요했을 것이고, 이후 충청수사로서 적극 활약한 기록으로 미루어 짐작건대 고령이었

175

음에도 불구하고 그에게 체력적인 문제가 있었다고 보기에도 어렵다. 그 이유를 설명해줄 만한 확실한 사료는 없지만, 당시의 사건들 사이에 숨겨진 기록과 정황들을 잘 살피면 그 연유를 알 수도 있을 것 같다.

우선 이순신은 군의 대선배이자 존경하는 장인의 친구를 조방장으로 활용하면서 늘 미안하고 고마운 마음이었을 것이다. 정걸이 맡은 임무가 대부분 전공을 세워 생색을 낼 수 없는 일들인 군사 조련, 군량미 자체 조달, 무기 확충과 전선의 건조, 수리 등과 같이 잡다한 것들이었기 때문이다. 무엇이 모자라다느니, 무엇이 잘못 만들어졌다느니, 보급이 늦어졌다느니, 전선 수리에 불안한 점이 많다느니 등 이런저런 불평불만을 들어야 하는 일상이었을 것이다. 전쟁터에 나가 있는 혈기 방장한 젊은 수군 장수들의 비위를 맞추는 일은 결코 쉬운 일이 아니다. 그런데 정2품의 조선 최고 무관직을 지낸 노장 정걸이 그 일을 빈틈없이 해내고 있었다. 전라좌수영의 병졸들만이 아니었다. 전쟁으로 굶주린 백성들을 위무하고 부족한 양식을 나누어주는 일도 그의 몫이었고, 포로로 잡혀 왔거나 투항한 왜군의 처리와 같은 골치 아픈 정치적 문제들 또한 모두 정걸의 몫이었을 것이다.

한편, 정걸 입장에서도 손주뻘 되는 이순신을 상사로 모시기에 약간의 부담감이 있었을 것으로 짐작된다. 개인적인 처사는 둘째

치더라도 최고령 참모로서 자신의 말 한마디가 자칫 수장인 이순신의 영을 흐트러뜨릴 수 있고, 혹여라도 잘못 거들었다가는 젊은 장수들의 자유로운 의견을 막을 수도 있어 매사에 조심스러웠을 것이다. 필자도 나이를 먹어보니 젊어서 어른에게 조심하는 것보다 나이 든 사람으로 젊은이들에게 말을 아끼는 것이 더 어렵다는 것을 알게 되었다. 앞서 살펴본 것처럼 정걸이 명문가에서 태어나 당대의 쟁쟁한 문관들과 교류를 했던 학식을 갖춘 지식인이었고, 여진족과 왜적을 수도 없이 물리친 최고의 장수였음을 상기한다면 충분히 이런 생각을 하고도 남았을 것으로 짐작할 수 있다.

'후배들에게 불편을 주고 싶지 않다. 이순신의 유능함을 보았으니 이제 물러날 때가 되었다.'

이것이 그의 솔직한 마음이지 않았을까? 호탕한 그의 성품으로 봤을 때 이런 마음을 이순신에게도 사석에서 거리낌 없이 피력했을 것이다.

2장

이순신의 배려

내가 알고 있는 이순신이라면 존경하는 정걸을 어떻게 예우하고 그간의 고마움을 전해야 할 것인지 고민했을 것이다. 나라에 충성하며 명예롭게 은퇴하는 것이야말로 무인의 참된 길이다. 80세 노장 정걸에게 이순신은 그 길을 열어주고 싶었을 것이다. '군인으로서 역할을 다하되 극한 위험이 덜한 곳으로 보내드리는 것'이 이순신이 할 수 있는 최선이지 않았을까?

이런 생각을 마친 이순신은 정걸을 경륜과 나이에 걸맞은 자리로 보내주기 위해 인사에 영향을 미칠 만한 조정의 인물과 상의를 했을 것이다. 이순신이 이런 문제로 허심탄회하게 얘기를 나눌 인물로는 먼저 서애 류성룡을 떠올릴 수 있다. 임진왜란 기간 내내 전시 수상의 역할을 담당했던 류성룡은 이순신의 둘째 형 이요신의 벗으로 이순신이 태어나고 어린 시절을 보낸 동네(지금의 서울 건천동) 형으로서 오래전부터 이순신을 누구보다 아끼고 후원했던 인물이다. 당시 기록을 보면 건천동에는 남산 아래 청계천까지 기다란 골목길을 사이로 서른 채가 넘는 기와집들이 나란히 서 있었다고 한다. 후일 승지가 된 허성, 그리고 경쟁 상대가 되어 이순신과 악연을 이어가는 다섯 살 연상의 원균이 모두 이곳 출신 인물들이다. 이순신과 류성룡의 관계를 짐작해볼 수 있는 장면이 《선조수정실록》 1589년 12월 1일의 기록에 나와 있다.

류성룡이 이순신과 이웃에 살면서 그의 행검을 살펴 알고 빈우로 대우하니, 이로 말미암아 이름이 알려졌다.

류성룡과 함께 생각해볼 수 있는 인물로 오리 이원익이 있다. 이원익은 나이로는 이순신보다 조금 아래였지만 당시에는 도체찰사의 직책인 이원익이 상사였다. 《선조실록》 1596년 11월 7일 기록에 두 사람이 모두 등장한다.

류성룡이 아뢰기를,

"원균이 힘껏 싸운 것은 사람들이 모두 아는 바이기는 하나 한 번 수전한 뒤부터 착오를 일으켜 영남의 수군 중에는 원망하고 배반하는 자가 많이 있으니, 원균에게 맡길 수 없는 것은 분명합니다. 더구나 이순신과 원균이 사이가 나쁜 것도 진실로 조정에서 아는 바입니다. 소신의 생각으로는 수륙의 차이가 있더라도 함께 협동해야 할 것이므로 두 사람이 모여 의논하게 하였으나 원균은 발끈하여 노기가 있었습니다" 하니

상이 이르기를, "이순신도 그러하던가?" 하자,

이원익이 아뢰기를, "이순신은 스스로 변명하는 말이 별로 없었으나, 원균은 기색이 늘 발끈하였습니다. 예전의 장수 중에도 공을 다툰 자는 있었으나, 원균의 일은 심하였습니다. 소신이 올라온 뒤에 들으니, 원균이 이순신에 대하여 분한 말을 매우 많이 하였다 합니다. 이순신은 결코 한산에서 옮길 수 없으니 옮기면 일마다 다 글러질 것입니다. 위에서 하교하시어 그대로 병사로 있게 하는 것이 나을 듯합니다. 조정에서 여러 가지로 하유下諭하여도 뜻을 움직일 수 없었으므로 소신도 이런 위급한 때에 마음을 합하여 함께 구제해야 한다는 것을 말하였으나, 원균은 노기를 풀지 않으니 이것은 어렵지 않겠습니까."

이처럼 두 사람은 이순신의 후원자로 믿고 의논할 만한 상대였

다. 물론 이순신의 성품상 인사를 부탁하지는 않았을 것이다. 그가 첫 번째 파직당해 있을 때 이조를 맡고 있던 집안사람 이율곡을 만나보는 게 어떻겠냐는 류성룡의 권유도 정중히 거절한 그였다. 그러나 그런 이순신도 자신의 진로나 나랏일과 같은 중요한 사안에 대해서는 조언을 얻고는 했다. 두 번째 시험에서 어렵게 무과에 급제한 후, 무인으로 변방을 오가다가 처음으로 지방 수령인 정읍현감에 임명되었을 때, 이후 전라좌수사로 부임하기 전 등 최소한 두세 번은 류성룡을 만나 조언을 들었을 것이라고 대부분의 사학자들은 말한다. 이후 류성룡과 서신을 주고받으며 친밀한 관계를 유지했다는 기록이 곳곳에 있다. 특히 류성룡은 이순신에게 1592년 3월 5일 《증손전수방략》이라는 병법서를 보내 전란을 준비하고 있는 그를 돕기도 했다.

훗날 이순신이 모함을 받아 구금되어 있을 때 목숨을 길고 이순신 구명에 힘썼던 이원익은 류성룡과 함께 전란 내내 고군분투하던 인물이다. 당시에는 사도체찰사로 이순신의 직속상관이었는데, 이순신과 이원익이 깊은 인연을 맺은 데에는 아마도 이준경의 영향이 컸을 것이다. 이원익을 명종에게 추천한 사람이 바로 이준경이었기 때문이다. 이원익에게 있어 이준경은 스승이자 은인이었고 이순신에게 있어서도 이준경이 천생의 연을 맺게 해준 은인이었음을 상기한다면 자연스럽게 이해할 수 있다. 이처럼 이순신과 좋은 인연을 맺게 된 이원익은 그가 사도체찰사로 있을 때 이순신이 노모를 볼 수 있도록 편의를 봐주기도 한다. 이순신의 노모 변씨는 병세가 조금씩 나빠져 가을에 접어들자 몸 상태가 더욱 위중해졌다. 이순신은 그런 어머니를 만날 수 있도록 해달라고 직속상사인 사도체찰사 이원익에게 편지를 띄웠다. 병신년(1596년) 가을이었다.

저는 언제나 부족한 재목이라 임무를 맡으면서도 늘 어머니 걱정을 한 시도 하지 않는 날이 없었습니다. 얼마 전 하인 편에 어머니가 글을 띄워 보냈습니다. '늙은 몸의 병이 나날이 더해 가니 앞날인들 얼마나 되겠느냐. 죽기 전에 네 얼굴이나 한 번 보고 싶구나.' 이렇게 전갈이 왔으니 제가 이 겨울에 어머님을 뵙지 못하면 봄이 되어 왜군이 또 쳐들어 올 조짐이 있어 도저히 진을 떠나기가 어려울 것인즉, 각하께서는 이 애틋한 정곡을 살펴주시기 바랍니다. 제가 지난날 계미년에 함경도에서 근무할 때 선친이 돌아가셔서 임종도 하지 못하고 천 리 밖에서 문상한 일이 있는데 언제나 그것이 평생의 한으로 남아 있습니다. 이미 어머니가 여든을 넘기셨는데 이번이 아니면 뵙기 어려울 듯하니 며칠만 말미를 주시면 배를 타고 한 번 모친을 뵘으로 연로하신 어머님께 위로가 되겠습니다. 그리고 혹시 그 사이에 무슨 변고가 생긴다 해도 각하의 허락을 받았다 하지 않겠습니다.*

이런 이순신의 편지에 이원익은 이렇게 답장을 보냈다.

지극한 정곡이야 피차에 같습니다. 이 편지야말로 사람의 마음
을 감동시킵니다. 하지만 공의와 관련된 일이라 내 입장에선 있
으라 떠나라 말하기 어렵습니다.

이처럼 매정한 답장을 보낸 것은 조정에서 심한 질시와 견제를
받고 있던 이순신을 보호하기 위한 조치였다. 도체찰사가 삼도수군
통제사의 개인적인 부탁을 들어주었다가는 오히려 낭패를 볼 것이
뻔한 상황이었다. 그래서 이원익은 융통성을 발휘한다. 서신을 전하
러 온 이순신의 조카를 따로 불러 '다녀와서 보지고 전하리'라는
말로 이순신에게 비공식적으로 어머니를 볼 수 있도록 배려해준 것
이다. 이순신은 조카가 들고 돌아온 답장을 받자 도체찰사의 의중
을 간파하고 삼도수군통제사로서 영광 앞바다까지 서남해안 일대
를 시찰하는 공식 일정을 잡았다. 그는 한산도로 돌아오는 공식 일
정 중 잠시 시간을 내어 비로소 고음천의 어머니를 만날 수 있었다.

● 박기현, 《나라의 치욕을 크게 씻어라》, 시루, 295-296쪽.

이순신이 실제로 이 두 사람과 상의를 했는지는 알 수 없다. 다만 절체절명의 국난 속에서 우정을 나눴다는 정황에 가능성을 더해 줄 뿐이다. 기실 가까운 사람들과 우정을 나누고 어려운 문제에 앞서 조언을 구하는 등의 인간관계는 400년 전이나 지금이나 크게 다르지 않을 것이다.

1592년 2월에 정걸은 충청수사로 발령이 난다. 혹 류성룡이 이순신으로부터 정걸의 후속 보임 얘기를 들었다면 오히려 반가워했을 수도 있으리라. 왜냐하면 당시 전시사령관 역할을 맡고 있던 류성룡의 입장에서는 이순신의 승전과 명나라의 참전으로 요동치고 있는 전황에 효과적으로 대응하기 위해서는 정걸과 같은 경륜을 가진 장수가 한양 주변에서 정세를 주도해줬으면 하는 바람이 절실했기 때문이다. 따라서 이순신의 배려, 류성룡의 혜안, 이원익의 직간접적 지원이 정걸의 보임에 영향을 미쳤을 것으로 생각된다.

그런데 필자는 정걸의 충청수사 발령 일자와 관련하여 《선조실록》 1593년 1월 11일의 기록에서 재미있는 사실을 발견했다. 이 기사는 경기, 충청도 지역의 당시 병마의 숫자와 한양과의 거리를 선조에게 보고한 것으로 각 도의 주장과 함께 수치가 상세히 기록되어 있다. 실제로는 얼마간의 차이가 있겠으나 당시 조선 군병 현황을 파악하는 데 참고할 만하다.

- 수원부에 주차한 전라도 순찰사 권율의 군사 : 4천 명
- 양주에 주차한 방어사防禦使 고언백高彦伯의 군사 : 2천 명
- 양근군楊根郡에 주차한 의병장 이일李軼의 군사 : 6백 명
- 여주에 주차한 경기순찰사 성영成泳의 군사 : 3천 명
- 안성군에 주차한 조방장 홍계남洪季男의 군사 : 3백 명
- 충청도 직산현稷山縣에 주차한 본도절도사 이옥李沃의 군사 :
  2천 8백 명
- 평택현 등처 장관들의 군사 : 각각 수백 명을 합해 약 3천 명
- 각처의 의병이 각각 수백 명을 거느리고 있는 군사 : 합해서
  약 5천여 명

보다시피 이 보고서에는 충청수사 정걸의 이름과 부대가 나와 있지 않다. 여기에서 충청두 절두사는 이옥으로 나오는데 그는 1593년 5월《선소실록》에 방어사로 나타난다. 이때 병사는 신익이었다. 정걸은 1593년 1월 11일까지는 충청수사 임명을 받지 않은 것이다. 이로 미루어 정걸은 1593년 1월 11일 이후부터 2월 초 사이에 발령받았을 가능성이 크다.

3장

2만 개의 화살을 어떻게 마련했을까

　　이제까지 정걸이 충청수사로 가는 데 이순신이 상당한 역할을 했으리라는 추측을 해보았다. 이순신과 정걸 두 사람이 이후에도 자주 만나 깊은 이야기를 나누었다는 기록은 《난중일기》 곳곳에 나타난다. 깊은 우정과 존경심을 바탕으로 서로를 믿었던 두 사람은 전쟁의 전개에 따른 정세와 전략, 전술에 대해서도 흉금을 터놓았을 것이다.

　　맑다. 아침에 이완이 송한련, 여여충과 함께 도원수에게로 갔다. 식사를 한 뒤에 순천부사, 광양현감, 보성군수, 발포만호, 이응화 등이 와서 봤다. 저녁에 경상우수사 원균이 오고, 우수사 이억기, 충청수사 정걸도 와서 의논을 하고 있는 동안에 우수사 원균은 걸핏하면 모순된 이야기를 하니, 한심한 일이다.

《난중일기》, 1593년 8월 6일

수군의 승리만으로는 조선을 지키기 어렵다는 것을 누구보다 잘 알고 있었을 두 사람은 육군의 상황, 특히 권율 장군이 거둔 이치대첩과 독산성전투 승리 소식도 공유하며 향후 육군의 향배를 예의 주시하고 있었을 것이다. 이를 반증하듯 《난중일기》에 권율 장군과 서신을 주고받은 정황이 나타난다. 결국 정걸은 충청수사로 발령받자마자 정예 일본군 3만 명과 치열한 접전을 벌이고 있던 행주산성 전투 막바지에 화살 2만 개를 실어다주어 승리에 결정적인 영향을 미쳤다. 1593년 2월 24일자 《선조실록》에 '화살이 다 떨어져 살 때 충청병사 정걸이 화살을 가져와 위기를 구해주었다'라고 분명하게 기록되어 있다. 이는 미리 준비하고 예측하지 않았다면 어려운 일이었다. 1월 11일 이후 임명되어 2월 초에 임지로 부임한 정걸이 한 달도 채 되지 않은 시간에 부대를 장악하고 충청 수역 관할 지역 밖에서 작전을 수행한다는 것은 현실적으로 불가능한 일이기 때문이다. 게다가 2만 개의 화살을 준비한 것도 불가사의한 일이다. 전국이 전란에 휩싸인 상황에서 모든 물자가 부족했을 것은 불을 보듯 뻔한데 도대체 어디서 화살을 구했을까? 화살 2만 개의 출처는 권율에 대한 기록과 이순신의 《난중일기》 어디에도 찾아볼 수 없으니 추측해볼 수밖에 없다.

병신년(1593년) 2월 15일 이순신의 《난중일기》에 기록된 화살 만드는 공정을 한번 보자. 이순신은 종 옥지에게 큰 전투를 앞두고 좋은 화살을 만들기 위해 큰 살대 111개와 작은 살대 154개를 구하라고 이른다. 화살 제작자는 대나무를 쪼개고 해풍에 말리는 작업에서부터 시작하여 석 달 정도 만에 연습용 화살 150개를 만들어냈다. 전죽箭竹은 화살대를 만드는 대나무를 이르는 말이다.

> 박옥과 옥지, 무재 들이 전죽 150개를 만들었다.
>
> 《난중일기》, 1593년 5월 24일

화급을 다툴 정도로 서두른 기록이 없어 정확하게 추측하기는 어렵지만 화살 만드는 데 상당한 시일이 걸렸을 듯하다. 전통 활과 화살을 만드는 장인으로 무형문화재 제16호에 지정된 양태현 궁시장이 공개한 화살 제조 과정을 보자. 양태현 장인에 따르면 전죽을 그늘에서 말리는 데만 6개월이 소요되고, 이 대나무를 숯불에 구워가며 곧고 바르게 만들어내는 과정을 거쳐 민어 부레로 만든 풀을 화살대 양 끝에 바르고, 거기에 소의 등심에 붙어 있는 질긴 힘

줄을 화살대 양 끝에 감아 화살이 걸리는 부분을 만들고, 꿩의 깃털을 붙인 후 화살촉을 붙여 완성하기까지 엄청난 노력과 시간이 소요된다. 이런 화살을 부임 후 1개월 만에 만드는 것은 불가능하다. 그렇다면 정걸은 무슨 수로 화살 2만 개를 구할 수 있었을까?

조선 시대에 화살을 만드는 공식적인 기관은 궁방이었지만 나라 전체에 조달할 수량을 감당하기는 어려웠다. 그래서 궁방이 화살촉 등 일부 자재를 공급하면 화살은 각 부대에서 자체 조달하거나 심지어는 개인이 만들어 쓰기도 했다고 한다. 《난중일기》에 기록된 것처럼 이순신은 시시때때로 화살을 만들었다. 이순신의 조방장인 정걸이 전라좌수영의 COO 역할을 했던 사실을 기억한다면 여기에서 가장 자연스러운 유추는 이순신이 삼도수군통제영에서 정걸에게 2만 개의 화살을 내어줬다는 것이다. 충청수영에 보관되어 있던 화살을 가져갔을 것이라는 추측도 해볼 수 있지만 전투가 계속된 충청수영에 2만 개나 되는 화살이 보관되어 있었다는 의견은 설득력이 떨어진다. 《조선왕조실록》에도 북방이나 한양의 화살이 부족할 경우 대나무가 많이 자라는 남부 해안 지역에서 화살용 대나무를 재배하고 제공하기도 했음을 기록하고 있다. 이로 보아 정걸이 조달한 화살 2만 개는 이순신의 삼도수군통제영에서 나온 것이 거의 확실해 보인다. 정걸이 북쪽의 전황과 권율 장군을 중심으로 한 육군의 상황을 예측하고 충청수사로 가기 전에 미리 화살을 만

들어 가져갔는지, 아니면 조방장으로 삼도수군통제영에 비축된 화
살을 가져갔는지는 알 수가 없다. 필자는 철저한 유비무환 정신으
로 무장한 이순신과 정걸 두 사람의 행적으로 볼 때 예측하고 준비
해둔 것이라고 판단한다.

4장

육군 지원 임무

1953년 1월 8일, 육지에서도 조명 연합군이 평양성을 탈환하면서 전세가 역전되기 시작했다. 그러나 명나라군이 오판으로 벽제관에서 명이 대패를 하면서 역전된 전세를 이어가지 못했다. 수세에 몰린 일본군이 한양성으로 모여들어 반격을 준비하고 있는 급박한 전황에 정걸은 충청수사로 부임했다. 이순신의 배려가 무색하게 무인 정걸에게는 편히 쉴 팔자가 주어지지 않았다.

충청수영성은 현재 충청남도 보령시 오천면 소성리에 위치해 오천성으로 불리기도 하는데 조선 시대에 쌓은 성곽이 아직도 남아 있다. 충청 지역 바다를 관할하며 서해로 침입하는 외적을 막기 위

충청수영성과 망화문

해 돌로 쌓아올린 석성으로 외곽의 길이가 1,650미터에 달하는 장
대한 성이다. 전국의 수영성 가운데 가장 보존 상태가 좋다. 필자가
답사를 가서 성에 올라 바다 좌우를 살펴보니 어떤 작은 배도 충청
수사 정걸의 눈길을 피할 수 없었겠다 싶을 만큼 기가 막힌 요충지
였다. 축성 당시에는 사방에 4대 성문과 소서문이 있었는데, 현재는
동헌을 포함해 영보정·대섭루·관덕정·능허각 등의 건물이 허물어
져 사라졌고 서문인 망화문을 비롯해 진휼청·장교청·공해관 등은
남아 있다. 망화문은 화강암으로 이루어진 아치형 출입구로 그 아
름다움과 건축의 오묘함이 지금도 전해져온다. 특히 1504년 수사

이량이 처음 지었다고 알려진 영보정은 그 경관이 얼마나 아름다웠던지 당대 유명한 문인들이 즐겨 찾았고 조선 중기 문신 이항복도 다녀가며 글을 남긴 것으로 유명하다. 화재로 소실되었다가 지금은 복원되어 아름다운 정치를 더해주고 있다.

충청 지역의 수군 지휘부였던 이 수영성은 당시의 수군 편제와 조직을 살펴볼 수 있는 중요한 자료를 남기고 있다.《세종실록지리지》기록에 따르면 조선 초기 충청수영에는 군선 142척에 군사 8,414명이 배속되어 그 규모가 상당했다. 충청수영의 주요 임무는 외적의 침입 방비 외에 서해로 올라오는 조운선 보호가 있었다. 충청수영 관할의 태안반도 근해는 안개가 심하고 조류가 변덕스러워 조운선들이 심심찮게 침몰했다. 조선 초기인 세조 때까지 가라앉은 배만 200척이 넘고 수장된 뱃사람이 1천 2백 명, 사라진 세곡미가 1만 8천여 섬이나 되었다. 정걸이 이곳에 부임해 왔을 때는 전쟁 중이라 정상적인 조운선 체계가 작동하지 않고 있었지만 호남 곡창 지대에서 생산된 곡식을 임금이 있는 행재소나 명나라 군대에 보내기 위해서는 충청수영의 역할이 매우 중요했다. 정걸도 이곳 석성에 자주 올라 오천항을 내려다봤을 것이다. 충청수사로서 정걸의 주 임무는 한양으로 가는 조운선을 보호하고 왜구가 서해를 통해 들어오는 것을 막아내는 것이었다. 하지만 육군의 전황이 급변하면서 정걸은 보다 적극적인 작전을 전개해야 했다. 삼도수군

오천항

통제사 이순신의 명에 따라 왜군을 공략하는 임무 외에 육군을 지원해 한양 수복 작전에도 참여해야 했다. 그러므로 명나라군과 조선 육군의 움직임과 일본군의 움직임을 한눈에 파악하고 경우에 따라 다양한 전술을 전개할 수 있는 능력이 요구되었다. 백전노장 정걸이 충청수사가 되어야 했던 이유를 찾을 수 있는 대목이다.

　수많은 경험과 경륜을 지닌 백전노장이지만 어떻게 그런 전황을 정확하게 파악하고 대응할 수 있었을까? 흥양 출신 정걸과 전라좌수사 이순신, 그리고 전라도 순찰사로 조선군 정예병을 이끌었던 권율의 공통점에 답이 있다. 5만 남도근왕군이 용인전투에서 참패하면서 조선군이 지리멸렬해지고 있었을 때 전라도 순찰사 권율이 나서 4,000명의 병력으로 1592년 8월 이치, 웅치전투를 승리로 이끌어 전라도를 지켜냈다. 사기가 충천된 권율의 부대는 한양을 향해 북상했다. 전라도 병력을 지휘하고 있는 권율 장군 휘하에는 신여량과 유충서 등 수많은 흥양 출신 장솔들이 함께하고 있었다. 여기서 잠시 '임진 추모비(전라좌수사 이순신 막하 장수들을 기록한 비)'에 등재된 인물 중 임진왜란 당시 정걸 장군과 함께 활약했던 대표적인 흥양 출신 인물들을 살펴보고 가자. 먼저 송희립을 떠올릴 수 있다. 정걸이 이순신의 멘토였다면 그는 이순신의 심복이라 불릴 만했다. 흥양현 마륜리(지금의 고흥군 동강면) 출신으로 1583년(선조 16) 무과에 급제한 송희립은 임진왜란부터 정유재란의 노량해전까지 이순신 장군의 휘하에서 본영 군관으로 핵심 참모 역할을 수행했다. 이순신의 모든 승리 옆에는 그가 있었다고 해도 과언이 아니다. 칠천량 패전으로 수군 재건을 위해 천 리 길을 다닐 때나 노량해전에서 이순신 장군이 총탄에 맞아 순국할 내에노 그는 곁을 지켰다. 임진왜란이 끝나고 양산군수, 다대포 첨사를 거쳐 1611년(광해군 4)에 전라좌도수군절도사가 되어 이순신 장군의 뒤를 이었다. 송희립 장군에 가려 잘 알려지지 않았으나 형 송대립, 아우 송정립 3형제가 모두 이순신 장군의 휘하에서 활약하다 순국하였다. 송희립이 이순신 장군의 붙박이 참모였다면 신여량은 이순신 장군과 권율 장군을 이어주는 가교 역할을 했다. 송희립과 같은 흥양현

독산성 전경

마륜리 출신인 그는 송희립과 같은 해인 1583년(선조 16) 무과에 급제한다. 이후 선전관 등 여러 벼슬을 하다가 임진왜란이 발발하고 선조가 의주로 피난하자 이를 호송하였다. 이때 친동생 신여정, 사촌 동생 신여극 등이 함께한 것으로 알려졌다. 그 후 400여 명의 의병을 이끌고 전라감사 권율 장군 휘하로 들어가 이치전투와 행주산성 전투에 참여했고, 한산도에 있던 이순신 장군의 삼도수군통제영에 들어가서는 제2차 당항포해전에 참전해 큰 공을 세웠다. 이후 1605년에 전라우도수군절도사에 올랐다. 권율과 이순신 막하에 동시에 이름이 나타나는 흥양 출신 장수로 유충서 장군도 빼놓을 수 없다. 그에 대한 기록은 극히 일부만 남아 있으나 이치대첩과 행주대첩에 참여하여 전공을 세웠으며 이후 한산도의 삼도수군통제영에 합류하여 이순신 장군과 함께했던 것은 분명해 보인다. 1530년생으로 1570년 무과에 급제한 유충신이 바로 위 형이라는 점을 유추하면 유충서 장군의 연배는 권율 장군과 비슷하거나 더 많았을 수 있다. 유충서는 한산도해전에 참가했다가 전투 중 탄환을 맞고 순국했다.

흥양 출신으로 무인의 길을 걸은 인물들이 당대 조선 최고 무장 중의 한 사람이었던 정걸 장군을 모를 리는 만무하다. 정걸의 뒤를 이어 그의 아들 정연도 무과에 급제했으니 앞에서 열거한 장군들은 정걸에게 아들이나 손자와 같았을 것이다. 게다가 흥양의 대표

오산 독산성의 세마대지 (ⓒ한국학중앙연구원)

성씨인 신申, 송宋, 유劉, 정丁의 네 사람이 모두 움직였다는 것은 흥
양 전체가 움직인 것이라고 봐도 틀린 말이 아니다. 정걸은 이처럼
막강한 고향 후배 장수들을 중심으로 정확한 정보를 파악하여 삼
도수군통제사 이순신에게 사실상 조선 육군을 지휘하고 있던 권
율 장군의 소식을 정확하게 제공했을 것이다. 권율 장군이 북진하
여 도성으로 가는 길목인 오산 독산성으로 들어간 때는 9월이었다.
독산성은 전략적으로 매우 중요한 곳이었다. 독산은 지금의 오산
시 북서쪽의 크고 작은 구릉지 사이에 해발 208미터 높이로 우뚝
서 있는 작은 산이지만 지리적으로는 군사적 요충지였다. '독성산禿

城山'이라고도 부르는 이곳은 삼국시대 이래 한강 이남에 위치한 중원 장악의 거점 지역으로서, 호서와 호남으로 가는 길목이자 당나라로 통하는 항구인 당진으로 가는 길목이었다. 《풍천유향》을 쓴 송규빈은 '호남과 호서에서 한양으로 가는 길이 모두 평지인데, 금강 이북에 성보가 없으나 유일하게 큰 성보가 독산성'이라고 하며 요충지였음을 강조했다. 이 독산성이 허물어지면 충청도 천안 삼거리에서 공주, 경기도의 김포와 강화도가 모두 위험해진다. 독산성전투의 향배에 따라 한강으로 드나드는 선박과 수군 운용에도 결정적인 영향을 주었다. 일본군 입장에서도 독산성은 양보할 수 없는 곳이었다. 독산성에서 한양은 지척이었다. 그러므로 평양성에서 패퇴하여 한양성에 집결하고 있던 왜군이 독산성을 잃으면 북쪽을 차지하고 있는 명군과 남쪽 하삼도에서 올라오는 조선군에게 포위당하는 형세가 된다.

당시 김천일 의병상은 관군과 합류하기 위해 강화도로 가면서 휘하 장군 송제민宋齊民*을 남겨 독산성을 지키게 했다. 김천일은 나주 출신 호남의 유학자로 명성을 얻다가 전라도 관찰사 이광이 5만명의 남도근왕군으로 용인에서 겨우 수천의 왜적에게 대패하였다

---

* 이지함李之菡의 문하에서 공부하고 구속을 싫어해 벼슬을 하지 않았다. 임진왜란이 일어나자 양산룡梁山龍·양산숙梁山璹 등과 의병을 일으켜 김천일의 막하에서 전라도 의병조사관으로 활약하다가 이듬해 다시 김덕령金德齡의 의병군에 가담했던 의병장이다.

는 소식을 듣고 나주에서 고경명·박광옥·최경회 등과 함께 의병을 일으켰다. 그는 3,000명의 병력을 모아 왜적과 치열하게 싸우면서 임금이 있는 평안도를 향해 진군하다가 독산성, 수원성을 거쳐 강화도로 들어갔다. 경기 서부 지역을 기반으로 추후 한양 수복 작전에 들어가라는 조정의 명을 따른 것이었다. 그 공으로 판결사에 제수되었으며, 창의사라는 호를 받았다. 후에 김천일은 절도사 최경회 등과 함께 진주성을 사수했고 2차 진주성 전투에서 패하자 아들과 자결하며 극적인 삶을 마감했다.

권율이 독산성에 입성하자 고립될 것을 우려한 일본군은 곧바로 공세를 취했다. 일본 제8번 수장으로 한양에서 전군을 지휘하고 있던 총대장 우키타 히데이에가 나섰다. 2만 명의 병력을 동원하여 한양과 오산-수원-용인으로 이어지는 주도로를 차단한 채 독산성을 겹겹이 에워쌌다. 권율은 성을 굳게 지키며 섣불리 나가 싸우려 하지 않았다. 웅치, 이치에서 보여준 그의 전략과 전술은 산성에 진지를 구축하고 적의 후방을 교란하는 지구전과 유격전이었다. 신립의 탄금대전투와 이광의 용인전투 모두 광활한 개활지에서 왜적과 싸워 대패한 것을 권율은 잘 알고 있었다. 독산성은 이런 전술을 구사하기에 지리적 이점이 뛰어난 곳이었다. 필자가 산성에 올라서 보니 오산 시내가 내려다보이고 두루 사방이 트여 어떤 병력이 움직이든지 모두 관찰할 수 있었다. 적이 함부로 움직이기 어려운 천혜의 요새였다. 겹겹이 쌓은 성과 가파른 절벽들도 적에게는 큰 타격을 주었을 것으로 생각된다. 지금은 복원되어 누구나 찾아갈 수 있는 곳이다.

권율은 성곽을 튼튼히 쌓고 방어에 치중하면서 몰래 출입하기 위한 비밀 통로를 만들어 밤이면 날랜 병사에게 적의 진지에 들어가 한두 명의 목을 베고 달아나게 하는 기습 전략을 구사했다. 공포에 빠진 왜군은 밤에도 잠을 이루지 못하였다. 독산성의 약점은 물이 부족하다는 것이었다. 이 점을 알아차린 왜군은 성으로 들어가는 물줄기를 막아 조선군을 고사시키려는 작전을 짰다. 그러나 권율은 연회를 베풀며 말 몇 마리를 끌어다가 물로 씻는 장면을 연출하며 적으로 하여금 물이 풍부하게 있다는 착각을 일으켰다. 말을 씻긴 물은 사실 쌀이었다. 멀리서 보면 햇빛에 반사된 쌀이 물처럼 보였다. 이 장면을 연출한 곳이 바로 세마대이다. 물 고사 작전도 통하지 않고 권율의 지구전과 기습 전략에 1천여 명의 병력만 잃은 우키타는 초조해지기 시작했다. 이런 가운데 명나라 원군이 조선 땅으로 들어오기 시작했다. 최철견도 의병을 모아 독산성을 지원하러 나오자 우키타는 포위를 풀고 물러났다. 한밤중에 진지에 불을 지르고 물러나는 왜적을 권율은 그냥 보내지 않았다. 정예 기병 1천 명이 후퇴하는 적을 추격하여 수많은 적병의 목을 베었다. 총대장 우키타는 장기간에 걸쳐 독산성을 포위하고도 패배를 맛보

고 물러나야 했다. 권율은 전라병사 선거이에게 1,700명을 맡기고
자신은 2,300명을 이끌고 행주산성으로 진을 옮겼다. 패배를 맛본
우키타는 곧 다시 맞붙게 되었다.

5장

아! 행주대첩

행주산성은 해발 125미터의 나지막한 산으로 덕양산으로도 불린다. 현재의 행정구역은 고양시 덕양구 행주내동 산 26-1이다. 서남쪽은 한강이 흐르는데 깎아지른 듯한 절벽으로 짐승도 왕래가 불가능하고, 동남쪽으로는 창릉천이 제법 널따란 평야 지대를 지나 한강으로 흘러든다. 이쪽도 경사가 매우 급해 사람이 오르내리기는 거의 불가능하다. 문제는 북쪽과 북서쪽이다. 한강을 거슬러 오는 북서쪽과 평야 지대의 구릉처럼 밋밋한 북쪽 사면은 공략이 어렵지 않은 지형이다. 그래서 우뚝 솟은 정상을 중심으로 7~8부 능선에 동서로 약 1킬로미터에 걸쳐 산성이 축조되었는데 다른 산성과 달리 견고하지 못했다. 또한 행주산성을 제외하면 근처에 구릉조차 없었으니 왕래가 가능한 북쪽과 북서쪽만 틀어막으면 적에게 충분히 대응할 수 있었다. 한양과는 불과 20여 리 정도 떨어져 있어 왜군을 꼭 막아내야만 하는 곳이었고, 한강을 끼고 있어 서해안으로 드나드는 한강 길목을 차단할 수 있는 요충지였다.

권율은 독산성에서 적을 물리친 뒤 한양을 수복하고자 조방장 조경과 승장 처영 등 3,300명을 거느리고 한강을 건너 행주산성에 진을 쳤다. 권율이 행주산성으로 처음 진입할 때는 행주산성을 한양 수복을 위한 주둔지 정도로 생각했던 것 같다. 한양으로 몰려든 일본군은 권율의 부대가 행주산성에 진을 치자 다급해졌다. 한강을 이용해 조선군의 보급로를 확보할 수 있는 지형인 데다가 명군에게 한양 공격 경로를 빼앗기면 작전 시 선봉 역할을 할 수 있는 거점을 내주는 것은 왜군에게 치명적이었다. 독산성에서 당한 패배를 설욕하고자 하는 총대장 우키타 히데이에의 분노도 한몫했다. 일본군은 전군을 동원하여 권율의 행주산성을 초토화하기로 결의했다. 그렇지만 권율 막하에는 전략가 조경이 있었다. 조경은 단 이틀 만에 행주산성에 이중 목책을 설치하여 요새화했다. 아래쪽으로는 긴 가시나무를 쌓아 적의 진입을 막았고, 안쪽으로는 돌들을 한 길 높이로 쌓고 흙과 뗏장으로 보완하여 적의 조총 공격을 효과적으로 방어할 수 있게 했다. 또한 권율은 비장의 전략무기인 화차를 배치했다. 화차는 변이중이 만든 것으로 마치 현재의 다연발 로켓포를 연상케 하는 당대의 최신 무기였다.

이 화차는 원래 고려인 최무선의 아들 최해산이 특채로 발탁되면서 개발하여 이미 태종 때 창덕궁 해온정에서 시험 발사를 한 적이 있었으며 문종화차, 주자총통부착 화차 등 크게 네 번의 개량을 거쳐 조선군 주력 화포로 자리 잡았다. 변이중은 전라도 소모어사로 병마와 군기를 수습하고 보급한 공로가 컸다. 행주산성에 배치된 화차는 문종화차를 개량하여 만든 것으로, 수레 위에 40개의 승자총으로 총기를 설치하고 총의 심지를 이어서 차례로 쏘게 한 것이다. 경주탈환전에서 박진이, 행주산성에서 권율이 사용하여 성능을 입증했다. 권율은 화차 이외에도 뜨거운 가마솥에 물을 끓이고 총포와 화약, 화살과 투석전에 대비한 돌들까지 빈틈없이 전투준비를 마쳤다. 권율은 산성전의 달인이었다. 유리한 지형을 선점한 후 지형과 지물을 활용하는 데에는 권율을 따라올 자가 없었다. 서기에 뛰어난 인품으로 병사들을 독려하는 리더십은 이치와 웅치전투에서 십분 증명된 바가 있었다. 드디어 일본군은 총공세에 나섰다. 우키다가 직접 출병하자 고니시 유키나가, 이시다 미쓰나리, 구로다 나가마사 등 기라성 같은 장수들이 3만의 병력을 동원하여 행주산성을 포위했다. 권율은 행주산성 안에서 조방장 조경, 승장 처영 등 3,300명의 병력을 집결하고 적을 기다렸다. 당시 행주산성 밖의 조선군은 강

권율 장군 대첩비각

화도에서 김천일, 양주에서 고언백, 시흥 광교산에서 선거이, 통진에서 허욱, 양천에서 변이중이 군사를 거느리고 응원을 나왔고 정걸이 충청수영 병력과 전라도 조운선 40여 척을 끌고 와 지원 태세를 갖추고 있었다. 그러나 작고 좁은 지형상 성 밖에서 지원하기는 사실상 어려웠다. 결국 산성 안의 병력이 끝을 봐야 하는 실정이었다.

우키타 히데이에도 끝장을 보기로 결심하고 정예병 3만 명을 7개의 부대로 편성해 겹으로 성을 포위한 채 톱니바퀴가 돌아가듯 쉴 틈을 주지 않고 몰아붙였다. 선봉인 1대는 고니시 유키나가가 지휘했다. 2월 12일 새벽 제1군이 조총을 쏘며 돌진해 왔다. 권율은 처음 계획대로 30보 이내에 접근할 때까지 기다렸다가 일거에 총통, 화살, 투석 등을 퍼부었다. 왜군은 갑작스러운 집중 공격에 수많은 전사자를 내고 물러났다. 조선군이 전열을 미처 가다듬기도 전에 제2대의 이시다가 공격해 왔다. 그런데 함께 진격한 장수 나에노가 가슴에 활을 맞아 관통당하면서 제1대보다 빨리 무너져버렸다. 그러자 제3대 대장 구로다는 사다리와 같은 높은 누대에서 조총을 쏘며 접근해 왔다. 이 또한 지자포로 누대를 깨뜨려버린 조경의 활약에 무너졌다. 연속된 공격에서 사상자만 내고 실패하자 보다 못한 총대장 우키타가 직접 나섰다. 총대장을 따라나선 장졸들은 격렬하고 거칠었다. 그러나 권율이 모든 화차를 우키타에 집중해 발사하자 우키타는 부상을 입고 물러났다. 이를 지켜본 제5대장 요시가와는 목책을 깨뜨리기 위해 화통을 이용해 공격해 왔다. 일부 목책이 타면서 제1목책 일부가 무너지기도 했다. 그러나 조선군은 물로 불을 끄고 돌과 화살을 퍼부어 요시가와에 부상을 입혔다. 동료 장수들이 줄줄이 나가떨어지는 것에 화가 치민 제6대장 모리가 맹렬한 공격을 퍼부었다. 이번에는 경사가 완만한 서북쪽을 공략해 들어왔다. 그러나 그곳에는 승장 처영이 이끄는 1,000여 명의 승려들이 있었다. 일사분란한 승군은 처영의 지휘를 받으며 결사 항전으로 왜군을 물리쳤다. 마지막 제7대장은 이치에서 권율에게 패배를 맛본 노장 고바야가와였다. 왜군 중 가장 권율을 잘 알고 있었던 그는 패배의 설욕을 만회하기 위해 만반의 준비를 하고 있었다. 제6대가 진격했던 서북쪽, 승군이 지키고 있던 공격 경로를 택해 진격해 왔다. 이미 몇 차례 공격에서 느슨해진 제1목책을 넘어 제2목책까지 접근했다. 조선군도 필사적이었다. 무수한 화살과 조총이 난사되고 화포가 불을 뿜었다. 그런데 이때 조선군에 문제가 발생했다. 화살이 떨어진 것이었다. 그러자 성안의 부녀자까지 나와 돌을 날랐다. 그 유명한 행주치마가 등장한 순간이었다. 이에 힘을 얻은 병사들은 치열한 백병전에 들어갔다. 그러나 실전으로 단련된 왜적과의 백병전은 수많은 전사자를 낳았다. 이런 절체절명의 위기에 조선의 군선 2척이 한강을 건너오고 있었다. 충청수사 정걸이 화살 2만 개를 싣고 건너온 것이다. 그 뒤로는 40여 척의 전라도 배들이 양천포구를 가득 메우고 시위를 했다. 기세를 올렸던 왜군은 더 이상 진격하지 못했다. 전의를 상실한 적들에게 조선 수군이 한강을 넘어 후방을 끊을지도 모른다는 공포가 드리워졌다. 당황한 적들이 물러나기 시작했다. 권율은 병사들을 독려해 물러나는 적들에게 진격을 명했다. 병사들의 함성이 행주산성을 뒤덮었다. 임진왜란의 3대 대첩 중 하나인 행주대첩이 역사에 기록되는 순간이었다. 장장 12시간에 걸친 대접전의 마지막을 정걸이 장식한 것이다.

당시 상황을 실록은 이렇게 기록하고 있다. 선조를 대면하여 보고한 고산현감 신경희는 권율과 함께 행주산성에서 직접 전투를 치른 인물이다.

신경희가 권율의 행주산성 대첩을 보고하자
인견하고 전투 상황을 상세히 묻다

전라도 관찰사 겸 순찰사 권율이 행주에서 왜적을 대파하고, 고산현감 신경희를 보내어 승첩勝捷을 아뢰었다. 상이 신경희에게 묻기를, "적의 숫자는 얼마인가?" 하니

대답하기를, "3만에 불과하였습니다" 하였다.

상이 이르기를, "이른바 성산(城山, 행주산성을 의미하는 듯)이란 곳은 지세가 싸움터로서 합당한가?" 하니

대답하기를, "일면은 강가이고, 삼면은 구릉으로 되어 있습니다" 하였다.

상이 이르기를, "그곳에 성이 있는가?" 하니

대답하기를, "먼저 녹각鹿角을 설치한 뒤에 토석성을 쌓았습니다" 하였다.

상이 이르기를, "적은 기병이던가, 보병이던가?" 하니

대답하기를, "기병과 보병이 서로 섞였습니다. 11일에 정탐군을 보냈는데 무악재母岳峴에서 적을 만나 해를 당한 자가 8~9명이나 됩니다. 그날 적 2개 진이 성산에 나와 진을 쳤는데 한 진의

수효는 거의 5~6백 명에 이르렀습니다. 이튿날 적이 들판을 뒤덮으며 나왔는데 그 숫자를 알 수 없었습니다" 하였다.

상이 이르기를, "성 위에서 무엇으로 방어했는가?" 하니

경희가 아뢰기를, "창이나 칼로 찌르기도 하고 돌을 던지기도 하였으며 혹은 화살을 난사하기도 했는데, 성중에서 와전訛傳되기를 '적이 이미 성 위에 올라왔다'고 하자 성중의 군졸이 장차 무너질 지경에 이르렀습니다. 그런데 권율이 몸소 시석矢石을 무릅쓰고 명령을 듣지 않는 자 몇 명을 베고 독전하기를 마지 않으니, 적군이 진격해 왔다 물러갔다 하기를 8~9차례나 하였습니다." (중략)

경희가 아뢰기를, "그날 묘시로부터 신시에 이르도록 싸우느라 화살이 거의 떨어져 가는데 마침 충청병사* 정걸이 화살을 운반해 와 위급을 구해주었습니다" 하였다.

《선조실록》 35권, 1593년(선조 26) 2월 24일 기사

당시의 상황을 《연려실기술》은 이렇게 묘사했다.

계사년 2월 권율이 수원에서 고양의 행주산성으로 나아가 주둔

----

* 충청수사의 오기인 것으로 보인다.

하였는데, 군사를 나누어 4천여 명을 병사 선거이에게 주어 금천에 머물며 성원하게 하고, 권율 자신은 만여 명의 군사를 거느리고 양천강을 건너서 행주에 진을 쳤다. (중략)

《일월록》,《권원수유사》,《자해필담》에, "날이 저물 무렵에 일본 장수 평수가가 유시에 맞아 드디어 병갑을 거두가지고 달아나니 행주로부터 서울에 이르는 길에는 거꾸러진 시체가 서로 이어졌다"고 하였다. 한창 싸우고 있을 때 화살이 거의 다하여 군중이 바야흐로 위태로웠는데 정걸이 두 척의 배로 화살을 싣고 와서 바다 쪽에서 들여보냈으므로 계속하여 사용할 수가 있었다.

화살 2만 개, 정걸의 탁월한 업적

행주산성 전투 막바지에 권율 장군과 조선군을 위기에서 구한 화살 2만 개를 실어다준 인물에 대해서는 여러 의견이 있다. 필자는 충청수사 정걸이 주인공이라고 확신한다. 이미 몇 차례 언급했지만 이순신과 정걸은 해전뿐만 아니라 육군의 전쟁 상황까지 항상 예의주시하고 있었다. 철두철미한 유비무환 정신으로 무장한 두 분의 성품과 행적으로 미루어 화살 2만 개 준비는 어려웠지만 가능한 일이었다고 생각된다. 전라좌수사로 부임한 1년 만에 화포와 탄약, 군선과 거북선까지 건조해 전란을 대비한 장군들이다. 임금이 피난하였다는 소식을 듣고는 군량미 500석을 따로 마련하여 준비한 사실도 《난중일기》에 기록되어 있다. 게다가 화살은 조선 수군의 주력 무기였다. 그리고 화살을 만드는 데 쓰이는 전죽은 남해안 인근에 지천으로 자라고 있었다. 바닷가에 따뜻한 해풍이 부는 곳이 전죽의 군락이었는데, 삼면이 바다인 흥양 반도 태생에 수군으로 남해안을 누빈 정걸은 그것을 누구보다도 잘 알고 있었을 것이다. 앞서 살펴본 대로 정걸은 흥양 출신 장수들로부터 권율 장군의 북진 소식을 들으며 유사시 응전할 수 있도록 만전을 기했다. 그래서 그는 충청수사로 임명되자마자 미리 행주산성 전투에 지원할 수 있도록 병력을 동원했던 것으로 보인다. 《선조실록》 2월 25일자 기록을 보자.

도체찰사 풍원부원군 류성룡이 치계하였다. "경성에 있는 적의 무리가 12일 행주전투로 인하여 사망자가 매우 많다고 하는데 이에 대해서는 도망해 돌아온 사람들의 말이 모두 같사옵니다. 15일 충청수사 정걸이 수군을 이끌고 곧바로 용산창 아래에 다다라 왜적을 향하여 포를 쏘았는데 강변에 진을 진 왜병이 거의 2만이나 되었습니다. (중략) 신은 재차 권율을 독려하여 돌아가 행주산성을 지키게 하고 싶었으나 목책과 영루가 이미 모두 타버려 군사들이 웅거할 곳이 없으므로 부득이 임시로 파주 뒷산에 머물러 이빈, 고언백 등과 고기 비늘처럼 진을 치게 했습니다."

2월 15일이면 행주산성 전투가 끝나고 3일째 되는 날이다. 정걸은 2척의 군선으로 화살 2만 개를 실어다준 다음 40여 척의 전라도 조운선이 시위를 벌이고 있던 양천포구(지금의 서울 양천구)로 돌아가 나머지 충청 수군과 합세하여 패퇴하였지만 여전히 강력한 세력을 지닌 강 건너 왜군을 견제하고자 했다. 그리고 파주로 물러나 전열을 정비하고 있던 권율의 육군과 연합하여 한양성을 수복하려 했던 것이다. 이처럼 분명한 사실과 정황에도 불구하고 경기수사 이빈의 등장은 필자 또한 의아하고 한편으로 궁금하기도 하다. 그래서 몇 가지 자료를 추적하다 보니 단서를 찾았다. 결론부터 내놓으면 경기수사 이빈의 등장은 《선조수정실록》이었다.

《선조수정실록》 27권 선조 26년 2월 1일자에 다음과 같은 기록이 실려 있다.

전라도 순찰사 권율이 적병을 행주에서 격파하였다. (중략) 적이 서북쪽의 책 한 칸을 허물자 지키고 있던 승군이 조금 물러나니 권율이 직접 칼을 빼어 물러난 사람 몇 사람의 목을 베고, 다시 책을 세워 방어하였다. 화살이 거의 떨어지려고 할 때 수사 이빈이 배로 수만 개의 화살을 실어다 대주었다. 적이 결국

패해 후퇴하면서 시체를 네 무더기에 쌓아놓고 풀로 덮고 태웠
는데, 그 냄새가 몇 리 밖까지 풍겼다. 우리 군사가 나머지 시체
를 거두어 참획한 것만도 130여 급이나 되었다.

이 수정실록을 보면 행주산성의 전투 장면과 승리 후의 기록은
《선조실록》과 모두 비슷하다. 다만 정걸이 화살을 싣고 왔다고 기록
한 부분만 '수사 이빈'으로 바뀌어 있다. 그런데 위에 있는 2월 25일
자 《선조실록》 기사 후반부에 이빈의 이름이 등장한다. 권율이 진
을 친 파주에 고언백과 함께 진을 쳤다는 기록이다. 즉, 수군 장수
인 이빈이 바다와 강을 떠나 육군과 합세해 있었던 것이다. 필자는
당시 이빈의 활약을 더 확인해보기로 했다. 《선조실록》 1593년 1월
11일 경기, 충청 병력 현황 기사에 고언백은 양주 방어사로 기록되
었으나 이빈은 같은 날 평안도 병마절도사로 임명되었다. 2월 10일
기록에도 여전히 절도사로 되어 있는데, 2월 28일 기록에는 '순변
사 이빈'이라고 되어 있다. 그러다가 3월 27일 기록에 드디어 '경기
수사 이빈'이라는 기록이 나타난다. 2월 12일 행주산성 전투가 치
러졌는데 불과 이틀 전 평안도 병마절도사였던 이가 어떻게 경기수
사가 되었는지 알 수가 없다.
이 때문에 '이빈설'이 제기되었지만 당시 안팎의 상황으로 봐서
이빈이 아니라 정걸의 업적이 확실하다고 생각된다.

5부

행주대첩 이후의 행적과 과제

1장

한강 방어는 내게 맡겨라

정걸이 보충해준 화살이 전투에 끼친 영향은 지대했다. 당장 일본군 제7대의 공격을 막아낸 성과도 있었지만, 무기가 보충되었다는 것은 곧 원군이 올 수 있다는 것을 의미했다. 앞서 서술한 바와 같이 양천포구에서 시위를 하던 40여 척의 배는 수군으로 보였고, 비록 전투에 직접 군을 보내지는 않았지만 한양을 중심으로 1만에 이르는 조선군이 있다는 것은 일본군도 알고 있었다. 그래서 일본군은 행주산성 주변에 진을 치지 않고 바로 한양으로 되돌아갔다. 이에 대해 《조선왕조실록》은 "여러 장수들이 구원하지는 않았으나 장수들의 성세가 서로 의지가 되었기 때문에 명군이 물러갔음에도 일본이 인지하지 못하여 이튿날 다시 오지 않았다"고 기록하고 있다.

이후 일본군은 전열을 가다듬고 행주산성 패전을 설욕하기 위해 군을 행주산성으로 이동시켰지만 권율 부대는 이미 파주로 진지를 물린 후였다. 일본군은 권율이 진을 치고 있던 파주산성 아래까지 진군해 왔다. 그러나 이내 물러갔다. 행주산성에 비해 파주산성은 밑에서 공격하기가 더욱 어려운 지형이었다. 위에서 돌을 굴리기라도 한다면 피할 곳이 없다는 것을 확인한 일본군은 분을 삭이며 돌아서야 했다.

파주산성에서 철군한 일본군은 군량과 기타 필요 물품을 구하려는 목적 외에는 한양 밖으로 대규모 출병을 하지 못했다. 한양에 고립된 상태에서 보급마저 여의치 않자 소규모로 한양 주변으로 식량을 구하러 군사를 내보냈지만 이마저도 곳곳을 지키며 기습을 가해 오는 조선군들로 인해 여의치가 않아 큰 곤란을 겪어야만 했다. 이러한 상황은 일본군에게 커다란 압박이었다. 결국 명군과 협상을 통해 철수를 선택할 수밖에 없었다. 행주산성 공격에서 막대한 피해를 입고 두 달 후인 4월 10일 일본군은 한양에서 철수를 선언하고 4월 19일에는 모든 병력이 빠져나가 경상도로 물러났다. 권율 장군을 위시한 조선군은 이날 무혈 입성하며 한양을 수복했다. 선조가 파천한 후 딱 1년이 되던 날이었다.

명나라와 일본이 한양 철군을 위한 협상에 들어간 상황에서도 충청수사 정걸은 수영으로 돌아가지 않았다. 《선조실록》 35권 선조 26년 2월 25일 기사 '15일에 충청수사 정걸이 수군을 이끌고 곧바로 용산창 아래에 이르러 왜적을 향하여 포를 쏘았는데, 강변에 진을 친 왜병이 거의 2만 명이나 되었습니다'라는 기록에서 보듯 정걸은 판옥선을 끌고 2월 15일 한강을 거슬러 올라 용산창을 공격했다. 용산창은 광흥창, 풍저창과 함께 호남과 충청에서 세운선을 통해 들어온 조세미를 모아두던 곳이다. 일본군은 양식을 구하려고 이곳으로 밀고 들어왔으나 양식 창고를 조선군이 이미 불태워버려 이도 저도 하지 못하고 민가 약탈과 방화로 버티고 있었다. 정걸이 그런 적들을 놓아주지 않고 공략했던 것이다.

2월 29일 실록에 충청수사 정걸의 이름이 다시 등장한다.

사헌부가 경성을 수복하는 시기를 놓치지 말라고 청하다

사헌부가 아뢰기를,

"여러 군사들이 진을 후퇴시킨 것은 사세에 따랐거나 혹은 주장의 명령으로 인한 것이어서 멀리서 통제하기는 어려울 듯합니다. 다만 생각건대 한수漢水 이남에 흉적들의 기세가 한창 성한데 강을 사이에 둔 지역에 적진이 포열하고 있으면서도 몰려

들어 독을 부리지 못하는 것은 여러 군진들이 기각掎角●의 형
세를 이루고 있기 때문입니다. 지금 아무런 까닭도 없이 일시
에 군사를 이끌어 돌아가고, 적을 죽이거나 막을 책임을 수백
명에 불과한 정걸의 피곤한 병사들에게 맡기니, 이것을 적이 알
게 된다면 어찌 그들의 흉모를 더욱 키우지 않겠습니까? 하물
며 양호의 군사가 북상한 것은 본디 중국군을 응원하기 위해
서이니 수복할 시기를 놓쳐서는 안 되는데 이겠습니까?●● 계책
이 여기까지 미치지 못하고 도리어 퇴군을 일삼으니 성패에 관
계됨이 실로 작은 것이 아닙니다. 선거이, 허욱許頊 등의 군사를
도로 진군케 하는 일을 비변사로 하여금 속히 상의하여 시행
케 하소서. 앞서 아뢴 이옥과 이총李璁은 체직을 명하소서."
하니, 상이 비변사에 물어보도록 명하였다.

《선조실록》35권, 1593년(선조 26) 2월 29일 기사

행주대첩 이후 약간의 소강상태에서 명나라군은 주춤거리고 조
선군은 피곤에 지쳐 있는 정걸의 군사만 믿고 한강 수비를 맡겨둔

● 기각지세, 의각지세. 사슴을 잡을 때 사슴의 뒷발을 잡고 뿔을 잡는다는 뜻으로, 앞뒤에서 적을 몰아침
을 비유적으로 이르는 말.
●● 놓쳐서는 안 되지 않겠습니까?

상황을 실록이 기록하고 있다. 정걸은 충청 수군 가운데 일부인 판옥선 2척을 이끌고 작전에 참여한 것으로 보인다. 판옥선 승선이 1척당 최대 200여 명이니 400여 명의 충청 수군이 한강을 오르내리며 경계를 하고 있었다고 볼 수 있다. 도체찰사 류성룡의 명에 따라 육군이 요처에 주둔하며 일본군을 압박했고, 수군이 한강을 사수한 것이다. 후일 좌의정을 지냈던 청백리 허목의 《미수기언》 제38집에 다시 정걸이 등장한다. 이때는 정걸과 이빈이 함께 등장하는데 당대의 수군 편제로 보면 경기 수군은 군이라기보다는 경비에 가까운 규모였으므로 사실상 충청 수군이 한강 사수 작전을 펼쳤다고 해도 과언은 아닐 것이다.

공(류성룡)이 권율의 군사에게 명하여 순변사 이빈李薲과 함께 파주에 모여 험고한 지대에 의거하여 지키게 하고, 방어사 고언백高彦伯·이시언李時言, 조방장 정희현鄭希玄·박명현朴名賢으로 하여금 여러 의병들과 함께 좌우로 나누어 요해처를 지키고 출몰하면서 적을 공격하게 하고, 수군 장군 이빈·정걸을 불러서 서호西湖에 주둔하여 적세를 분리시키게 하니, 의병도 또한 수군을 이끌고 도착했다.

여기서 서호는 서강이라고 다른 문헌이 밝혀주고 있다.* 서강은 지금의 서울 마포구 신수동 앞 한강을 말한다. 광나루와 뚝섬을 급하게 흘러온 한강수는 동작과 이촌을 지나면 호수처럼 온유해진다. 강물의 유속이 느려지면서 밤섬, 여의도, 선유도가 생겨난 것이다. 그래서 강바닥도 야트막해져 큰 규모의 판옥선이 자유롭게 드나들기에는 쉽지 않았을 것이다. 선유도까지 올라온 정걸이 판옥선을 이끌고 서강 남쪽에 도착해 진을 치고 왜군의 이동을 막았던 것이다.

이때의 상황은 1693년(숙종 19)에 신경이 임진왜란 전후 30년간의 조선과 명나라의 관계를 기록한 4권 4책의 《재조번방지》에도 구체적으로 언급되었는데, '정걸 등이 강화도에서 나와 서강으로 진출, 적을 남북으로 분산시키고 막았다'고 기록하고 있다. 오랜 작전으로 정걸의 충청 수군은 실록 기자 말대로 지쳐가고 있었다. 당시 정걸은 80세(만 79세)로 초고령이었다. 젊은 장졸들도 지쳐가는 모습을 보는 80세 장군의 한성 수복에 대한 열망과 충정이 얼마나 컸을지 짐작이 간다. 한성 수복 이후에도 정걸은 여전히 한강에서 작전을 수행했다. 4월 20일경 한성이 수복된 후 왜군 추격을 놓고 명군의 이여송 제독과 도체찰사 류성룡, 도원수 김명원 사이에 오가는 대화 내용을 류성룡이 선조에게 보고했다는 기록이 《선조실록》에 있다.

● 조선 중기에 허강許橿이 지은 가사 〈서호별곡〉에서 한강의 서강을 가리키는 것으로 나와 있다.

류성룡 등이 이 제독과 왜적의 추격, 왕자 구출 등을
의논하고 치계하다

도체찰사 류성룡과 도원수 김명원이 치계하였다.

"4월 20일 중국군이 경성에 진주했는데 초혼 무렵에 제독이 신을 보고 '지금 군사를 내어 적을 추격해야 하니 그대 나라의 군마도 추격하도록 하라. 그리고 빨리 강을 건널 배를 준비하게 하라' 하였습니다. 21일 이른 아침에 신들이 제독에게 가서 문안하고 경성을 수복한 것에 감사드린 뒤 인하여 군사를 진격시키는 일을 말하니, 제독이 즉시 대장 장세작張世爵과 이여백李如栢에게 분부하여 1만 5천 명의 군사를 내어 적을 추격하게 하였습니다. 신들은 강을 건널 배가 제때에 마련되지 못할까 염려하여 한강에 나가 배의 마련을 감독했습니다. 수사 정걸과 이빈 등의 해선은 여울이 얕아서 올라올 수 없었으며, 왜적이 새로 만들어 놓은 배가 50여 척이 있었고 우리 배가 4척이 있었으므로 왕래하면서 군사를 실어 날랐습니다. 군마가 이미 강을 건너 남쪽 기슭에 있는 것이 5~6천이나 되었고 그 나머지도 계속하여 도망하고 있었습니다."

《선조실록》38권, 1593년(선조 26) 5월 3일 기사 이때에도 정걸은 충청 수군의 판옥선을 이끌고 한강에 대기하고 있었는데 판옥선이 바다에서 운용하는 큰 전선이라 여울이 얕아 거슬러 올라갈 수 없다는 보고였다. 실록의 다음 기록은 조선군으로서는 참으로 분통 터지는 일이다. 류성룡, 김명원, 권율 등이 한양 수복 후 한강을 건넌 일본군을 추격하자고 하자 명군의 이여송 제독은 동생 이여백과 장수 장세작에게 1만 명의 군사로 추격할 것을 명한다. 그러나 60여 척의 작은 배로 1만 군사를 도강하는 일은 긴 시간이 필요했다. 결국 명나라 군사 절반이 강을 채 건너지도 못한 채 날이 저물었다. 도강 작전이 중단되자 최고 지휘자인 이여백이 다리가 아파 치료를 해야 한다면서 자리를 뜨고 말았다. 지휘관이 없어지자 도강했던 명군마저 돌아오고 말았다. 사실 이여백의 핑계는 거짓이었고 명군은 애초 일본군을 추격하지 않기로 협상을 한 것이었다. 명군의 속셈을 알아차린 권율 장군이 조선군만으로 한 강을 건너려 하자 명군은 배를 압수하면서 노골적으로 방해를 했다. 이 상황을 지켜본 충청수사 정걸은 어떤 마음이었을까? 예나 지금이나 스스로를 지킬 힘을 갖지 못하면 이와 같은 일을 당하게 되는 법이다.

2장

《호남절의록》이 전하는 정걸의 추가 기록

　필자는《선조실록》과《선조수정실록》, 그리고 이순신 장군의《난
중일기》등에서 정걸 장군을 살펴보았다. 그러나 부족한 기록의 일
부는《호남절의록》에서 찾았다. 이 책은 의병장 고경명의 7대손 고
정헌이 1799년 정조 말년에 이르러 5권 5책으로 묶었다고 하기도
하고, 작자 미상이라고 하기도 한다.《호남절의록》에는 임진왜란을
비롯하여 정유재란과 이괄의 난, 그리고 정묘·병자호란 등에서 의
거를 일으킨 호남 출신 인물들의 행적이 수록되어 있다. 판본은 여
러 가지가 있지만 모두 동일본이다. 먼저 을묘왜변에서 활약한 정걸
의 모습이 눈에 띈다.

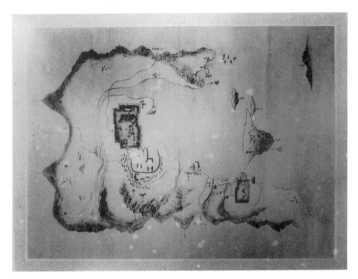

〈부산진 지도〉(소장: 국립중앙박물관)

명종 10년 형인 찰방 준(俊)과 함께 도순찰사 이준경의 막하에 예
속되어 달량 싸움에 나아가 왜선을 깨뜨렸다. 1587년(선조 20)
에 부안현감이 되었다.

찰방은 전국의 참역에서 역마·역민·사신 접대 등을 위하여 파견
된 지방관의 하나로 종6품이었다. 이 기록을 보면 정걸의 형인 준도
달량전투에 참여한 것이 확실해 보인다. 정걸 형제가 함께 참전한
기록을 다른 곳에는 찾아볼 수 없으니 형제가 을묘왜변에서 싸웠
다는 이 기록은 흥미롭다. 다른 사료에 등장하지 않았던 것은 아마

도 찰방의 벼슬이 높지 않았던 탓일 것이다. 을묘왜변 후 한동안 잠잠하던 조선에 이번에는 북쪽에서 큰 사건이 터진다. 1583년(선조 16)에 일어난 '니탕개의 난'이 그것이다. 니탕개의 난은 조선에 귀화해 관직을 받고 있던 니탕개가 여진족의 처우에 불만을 품고 6진에 속해 있던 일족들을 선동하여 일으킨 사건이었다. 북병사 이제신과 온성부사 신립의 활약으로 진압이 되었는데 《호남절의록》은 정걸이 온성부사로 공을 세웠다고 기록하고 있다. 정걸이 부임한 것은 4년 후인 1587년이라 했는데 당시의 온성부사는 신립으로 시기와 전공의 기록과 오차가 있다. 이 점은 정확한 사료를 분석해서 바로잡아야 할 것으로 보인다.

다음에는 1593년 2월 한양 수복 과정에서 김천일의 공적을 전하는 장면에 정걸 장군이 등장한다.

"서울에 주둔한 적늘이 방화와 살육을 자행하니 성내의 주민과 삼강˙ 연안의 주민들로서 아군 진으로 들어오는 자가 수십만이었다. 공(김천일)은 쌀 천여 포를 내어 굶주린 백성들을 구제하고 충청수사 정걸, 경기수사 이빈과 함께 선유봉(선유도)을

˙ 서울 곁의 한강 일대를 세 부분으로 나누어 부르던 명칭이다. 현재 한남동 일대의 한강, 용산과 원효로 이래의 용산강, 마포와 서강 일대의 서강을 이른다. ― 김동수 교감 역주에 따름.

거쳐 노량을 가로질러 모래내를 쳐서 수많은 적을 참살했다."●

《호남절의록》, 75쪽

정걸이 한강 사수 작전에만 매달린 것이 아니라는 것을 알 수 있는 기록이다. 앞에서 본 것처럼 용산창의 적들을 판옥선에서 총포로 공략하고 한편으로는 선유도 근처에 정박하며 김천일의 군과 함께 도성을 수복하기 위해 전투에 나섰고, 선유도에서 한강을 넘어 육지로 들어가 모래내의 적들을 공략한 것이다.

이후 그의 병적 이동에 대해서도 엿볼 수 있다.

선유도에 진을 치고 서울에 주둔해 있던 적을 방어하던 정걸은 다시 옮겨서 전라방어사●를 제수받았다. 이 충무공을 보고 말하기를 '부산이 지금 적의 소굴이 되어 있는데 이를 진격하여 친다면 필시 깨트릴 수 있을 것입니다'라고 함에 충무공이 그러하다고 여겼다. 이에 함께 부산으로 나아갔는데 적들이 아군의 기세가 성함을 보고 감히 나오지 못하였고 마침내 적선 1백여 척을 깨트렸다.

● 방어사는 병마절도사(병사) 다음 직위인데 별도로 군비를 갖추고 파견한 것이 아니라 기존의 지방행정 체제에 무관을 보내 군사력을 강화시킨 것으로 보인다.

이 기록은 부산포해전에 대한 《호남절의록》의 첨언이다. 앞에서 살폈지만 부산포해전은 이순신이 1592년(선조 25) 9월 1일 조선 수군 연합함대를 이끌고 부산포로 진격하여 왜선 100여 척을 깨뜨린 승전으로 이때 정걸 장군도 참전하여 큰 전공을 세운 바 있다. 위 기록은 이 전투를 그린 것으로 보인다. 그러나 한양 수복 작전은 부산포해전이 있고 난 5개월 후의 일로 이 기록에도 약간의 시기상 오차가 있는 듯하다.

한편 《호남절의록》에는 판옥선과 무기를 개발하고 운용한 정걸의 업적을 제법 자세히 기록해 남겼다.•

공(정걸)은 또 전선 판옥과 화전火箭, 철익전•• 그리고 대총통 등의 군기를 만들었고 여러 차례 전공을 세워 죽인 적의 수효가 이루 다 셀 수 없었다. 왜적들은 그 이름을 부르며 서로 경계를 할 지경이었다.

《호남절의록》은 계속 증간되는데 뒤편에 주석을 붙여 기록으로 남겼다. 바로 후손에 관한 것이었다.

• 《호남절의록》, 262-263쪽.
•• 쇠 날개를 부착한 굵고 긴 화살로서, 종류는 천자총통의 대장군전, 지자총통의 장군전, 현자총통의 차대전류를 통칭해 부른 이름이다.

아들 군수 연淵과 손자인 군수 홍록弘祿은 흥덕에서 전사했다.

증손인 환煥은 병자란(1636년) 때 의병을 일으켰다.

이렇듯 《호남절의록》은 일부 오류가 발견되기는 하지만 다른 사
료에서 볼 수 없는 정걸의 여러 가지 기록을 남겨놓아 장군의 행적
에 대해 더 풍성한 유추를 가능하게 해준다.

3장

《난중일기》에 나타난 정걸과 이순신의 망년지교

나이를 잊은 우정을 망년지교라고 부른다. 31살의 나이 차이를 정걸과 이순신이 어떻게 극복하며 우정을 쌓았는지를 살펴보는 것은 필자에게도 특별한 재미를 주었다. 이순신은 외람되지만 대선배 정걸에게 조방장으로 와서 도와달라고 부탁을 했을 것이다. 정걸은 일찍이 발포만호 시절부터 눈여겨본 이순신의 됨됨이와 오랜 친구인 방진과의 인연도 고려하여 이순신의 요청을 수락했을 것이다. 물론 장수로서 나라와 백성에 대한 충정은 다시 강조하지 않아도 충분히 짐작할 수 있다. 자신이 이미 전라좌수사로 임무를 수행했던 그곳에 다시 온 정걸은 감회가 남달랐을 것이다. 지척이 고향인 흥양의 많은 장졸들은 전설의 장군 정걸을 만난다는 것에 긴장과 존경심이 교차했을 것이고, 신임 좌수사를 모셔야 하는 기라성 같은 좌수영 장수들은 전임 좌수사이자 대선배인 정걸 장군이 조방장으로 온다는 데 대해 의아함과 긴장감을 가졌을 것이다. 이순신의 한 수는 단박에 전라좌수영을 장악할 수 있었다. 해전을 경험하지 못했던 그에게 판옥선과 거북선의 건조, 무기 체계의 구축과 운용, 수군의 조련과 전술 훈련 등 백전노장은 막힘이 없었다. 그러면서도 자신을 상사로 모셔주는 겸손함에 절로 고개가 숙여졌을 것이다. 정걸 또한 이순신의 참된 인품을 확인할 수 있었다. 원칙과 기준이 분명한 정직한 리더십을 갖춘 이순신은 모든 일에 기울이는 정성이 놀라웠다. 또한 사물과 사람을 보는 분별력과 사건을 정확하게 꿰뚫어보는 통찰력까지 무엇 하나 부족함이 없었다. 호걸은 영웅을 알아보고, 영웅은 호걸을 스승으로 모실 줄 아는 것이 고금의 이치이다. 두 사람의 친교를 엿볼 수 있는 것은 이순신의《난중일기》이다. 이 얼마나 다행한 일인지, 필자와 함께《난중일기》속으로 들어가 두 분의 우정을 확인해보자.

1592년 8월 24일
맑았다. 아침을 객사 동헌에서 정 영공(정걸)과 마주해 먹었다.

《난중일기》및 서간첩《임진장초》(소장: 국립중앙박물관)

곧바로 침벽정으로 옮겨 마주했다. 우수백(이억기)과 마주해 점심을 먹었다. 정 조방(조방장 정걸)도 함께했다.

　영공은 정3품이나 종2품직에 대한 관직 존칭으로 쓰고 영감으로 부르기도 했다. 수백은 여기서 수사를 가리키는 것으로 보인다. 충청수백 정걸, 우수백 이억기 등으로 썼다. 이순신은 직함으로 정걸을 부르지 않으면 꼭 영공으로 불러 존경심을 표했다.

1593년 6월 1일

탐후선이 왜의 물건을 갖고 왔다. 충청수사 정 영공(정걸)이 왔다. (중략) 충청수사와 조용히 이야기했고 저녁을 대접했다. 그에게 듣기를 "황정욱과 이영이 나가서 강가에 이르러 같이 이야기했다"고 했다. 탄식이 나오는 것을 이길 수 없구나. 이날은 맑았다.

이순신이 이날 탄식한 것은 왕자 순화군이 함경도로 피난 갔다가 일본군의 포로가 된 일 때문이었다. 함경도 백성들은 왕자 순화군이 그곳으로 와서 병력을 차출하고 군량미 등을 강요하자 이에 반발하여 왕자와 중신들을 잡아 일본군에게 넘겨버렸다. 명백한 반란이었지만 나라와 백성을 지키지 않고 자신들의 안위만 챙긴 왕실과 조정의 잘못이 더 컸다. 왕자를 포로로 잡은 가토 기요마사는 황정욱에게 선조가 항복하도록 권유문을 쓰게 했다.

황정욱은 왕자와 왕손을 죽이겠다는 협박에 어쩔 수 없이 자신의 아들 혁에게 권유문을 쓰게 했다가 석방된 후 이 일로 탄핵을 당해 길주로 유배를 가게 되었다. 또 이영은 함경도의 남병사로 있으면서 왜에 항복한 인물인데 이 일로 참살을 당한 인물이다. 이 두 사람의 형편을 정걸에게서 듣고 이순신은 조정과 나라의 앞날을 걱정하며 탄식한 것이다. '충청수사 정 영공(정걸)이 왔다'는 기록으로 보아 이날 정걸은 한양 수복 작전을 끝내고 충청 수군을 이끌고 한산도로 내려온 듯하다. 오랜만에 이순신을 만난 정걸이 한양에서 보고 들은 여러 정황들을 얘기해주는 장면으로 읽힌다.

1593년 6월 6일
맑았다가 비가 내리다 했다. (중략) 충청수사 정걸이 배에 와서 이야기했다.

6월 7일
잠깐 흐렸으나 비는 오지 않았다. 순천부사(권준)와 광양현감 (어영담)이 왔다. 우수사 이억기와 충청수사 정걸도 왔다.

6월 11일
비가 내리다 맑았다 했다. 낮 12시쯤 충청수사 정걸의 배로 가려고 했더니 정걸이 내 배로 와서 앉았다. 잠깐 이야기하디기 파했다.

6월 15일
비가 내리다 맑았다 했다. 우수상 이억기와 충청수백 정걸, 순천부사 권준과 낙안군수 신호, 방답첨사 이순신을 청해 왔다. 명절 음식을 먹으며 이야기했다.

필자가 조사해보니 이날의 명절은 6월 유두절이었다. 현재는 사라진 명절이지만 당시는 꽤나 중요한 명절 중 하나였다. 유두절에 동쪽에서 흐르는 개울물에 머리를 감거나 목욕을 하면 질병에 걸리지 않고 여름 더위도 거뜬히 넘는다고 했다. 그래서 일가 친지들이 함께 모여 맑은 시내나 산간 폭포에 가서 머리를 감고 몸을 씻은 뒤 싸 온 음식을 나눠 먹으면서 하루를 보냈다. 이날 이순신은 충청수사 정걸과 여러 장수들을 불러 유두잔치를 함께 보냈던 것이다.

7월 23일

맑았다. 울이 돌아갔다. 정 수사(정걸)을 청해 같이 점심을 먹었다. 울이 되돌아왔다.

7월 28일

맑았다. 아침에 체사(체찰사 류성룡) 앞으로 보내는 편지를 수정했다. 경상우수백(원균)과 충청수백(정걸), 본도 우수백(이억기)이 함께 와서 약속했는데 원 수백(원균)이 흉악하고 속이는 것이 제멋대로이고 엉망이다.

8월 2일

맑았다. 아침을 먹은 뒤 마음이 답답하고 응어리져서 돌닻을 들어 올리고 포구에 나갔다. 정 수사(정걸)가 따라왔다.

이 장면에서 필자는 마치 아버지와 같은 정걸 장군의 정을 느꼈다. 수사 이순신이 스트레스를 받아 우울함과 답답함을 보이자 정걸이 묵묵히 따랐다. 담백하게 기록된 이 날의 일기에서 이순신 장군은 천 마디 위로의 말보다 함께해준 발걸음을 기억하고 있었다.

8월 9일
맑았다. (중략) 점심을 먹은 뒤 우수사(이억기)의 배에 도착했다.
충청영공(정걸)도 도착했다. "영남수사(원균)는 복병군을 한꺼번에 보내 복병시키기로 했는데 먼저 보냈다"고 했다. 괴롭다.

원균의 횡포 때문에 고통받는 이순신의 모습이다. 이 이야기를 전해준 이가 정걸인 듯한데 그는 이순신에게 원균의 세 숫대로 행보를 사전에 알려주기 위해 일부러 배를 타고 온 것으로 보인다.

8월 14일
맑았다. 방답첨사(이순신)가 햇과일을 갖고 왔다. 우수백(이억기)과 충청수백(정걸), 순천부사(권준)도 와서 함께했다.

모처럼 가을 수확한 햇과일로 전투의 시름을 잠시 잊는 모습인데 어김없이 정걸이 함께하고 있다.

8월 15일

맑았다. 오늘은 곧 추석이다. 우수백(이억기)과 충청수사(정걸), 순천부사(권준), 흥양현감(배흥립), 녹도만호(송여종)와 이응화, 이홍명과 좌우도의 모든 영공이 함께 모여 이야기했다.

8월 16일

맑았다. 광양현감(어영담)이 햇과일을 준비해 왔다. 우수백과 충청수사, 순천부사, 방답첨사도 함께 왔다.

이밖에도 8월 17일, 18일, 19일, 26일에 이순신과 정걸은 함께 만났는데 8월에 유난히 두 사람의 만남이 잦았다.

9월 1일

맑았다. 원 수사가 왔다. 공문을 작성해 도원수(권율)와 순변사에게 보냈다. 여필(이우신, 순신의 동생)과 변존서, 이뇌 등이 되돌아갔다. 우 영공(이억기)과 정 영공(정걸)도 오며 이야기했다.

9월 5일

맑았다. 식사를 한 뒤 나가 정 수사(정걸)의 배 옆에 정박시켰
다. 내내 논의하고 이야기했다.

9월 5일자 일기는 정걸에게 의지하고 싶어 하는 이순신의 인간
다운 모습을 그대로 보여준다. 배를 몰고 가서 정걸의 배 옆에 정박
시키고 둘이 계속 무엇인가를 의논하는 모습이다. 두 사람의 우정
은 깊을 대로 깊었다. 이어서 9월 8일, 9일, 11일도 두 사람은 다른
장수들과 함께 만난다. 11일 기록을 보자.

9월 11일

맑았다. 정 수사가 술을 차려 와서 만났다.

이날 정걸은 이순신과 이별주를 나눈 것일까? 《난중일기》에는
이후에도 수많은 장수와 현감, 군수, 우수백 등이 등장하지만 정걸
의 이름은 없다. 정걸의 이름은 《난중일기》에서 완전히 사라진다.
정걸이 충청수사를 사임한 것인지 칭병으로 임무를 못 하게 된 것
인지는 알 길이 없다. 1594년 2월 15일자 일기에 좌조방장으로 배흥
립이 나온다. 우조방장 어영담의 이름은 이전부터 조금씩 나오고
있었다. 1594년 4월 6일에 나오는 충청수사는 구사직이었다. 능성

구씨인 구사직은 명문 무관 집안의 인물이다. 이로써 정걸이 충청 수사에서 물러난 것은 확실해 보인다. 사직의 시기는 이순신과 술을 나눈 1593년 9월 11일 이후부터 1594년 4월 6일 이전일 것이다. 그런데 4월 18일 일기에는 신임 충청수사로 이순신(충무공과 동명이인)의 이름이 나온다. 4월 6일 거명된 구사직은 파면되었거나 교체된 듯하다.

이후 1594년 8월 8일자 《난중일기》에 "정 조방장이 들어왔다"라고 기록되어 있는데 여기에서 등장하는 정 조방장은 정걸이 아닌 정응운을 가리키는 것으로 생각된다. 학자에 따라 정응운도 정걸이라고 주장하는 사람들이 있는데 필자는 아니라고 단언한다. 왜냐하면 이순신 장군은 여기에서 정 조방장을 영공이나 수백과 같은 존칭을 붙이지 않고 "정T은 곧 되돌아갔다"와 같이 하대하는 표현을 썼다. 이순신 장군은 정걸 장군을 한 번도 하대한 기록이 없었다.

4장

은퇴 후 마지막 생애

《난중일기》속에 나타난 두 분의 망년지교를 감상하다 보니 정걸 장군의 은퇴 시기를 추정할 수 있게 되었다. 1593년 9월 1일의 짧은 일기를 끝으로 성설의 이름은 사라졌나. 1593년 2월 충청수사가 되어 4월 20일까지 한양 수복 작전을 전개하였던 정걸은 이후 9월 1일까지 충청수사로서 삼도수군통제영에 합류한 것으로 보인다. 이후의 기록은 찾을 수 없다. 후손들은 1595년 무렵 고향 흥양으로 돌아온 후 장군이 후학을 길러내는 데 앞장서는 한편 물이 귀한 고향에 '애기소'를 만들어 치수에 힘썼다는 후일담을 전하고 있다. 귀향한 정걸이 가장 먼저 백성들을 위해 애기소를 만들어 치수 관리에 나선 것은 어쩌면 그의 숙원이었는지도 모른다. 보성 땅에 가느 다란 목을 겨우 이은 것과 같은 그의 고향 흥양 반도는 물이 귀한 곳이었다. 농사가 주업이었던 당시에 논에 물을 대는 일은 무엇보다 중요한 큰일이었다. 고향의 물 사정을 잘 알고 있었던 그는 무관으로서 평생 차고 있던 칼을 내려놓으면 고향의 일가 친지와 친구들을 위해 이 일을 하리라 미리 계획하고 있었을 것이다. 필자가 취재 중에 만난 고흥 주민들과 후손들의 말에 따르면 상수도 시설이 들어오기 전인 최근까지도 저수지의 물만으로 일상생활을 하고 농사를 짓는 데 어려움을 많이 겪었다고 했다.

정걸 장군은 귀향 2년 후인 1597년 향년 83세의 일기로 세상을 떠났다. 그가 세상을 떠나던 해는 일본군이 다시 침략한 정유년이었다. 불과 2년 전까지 전장을 누볐지만 안타깝게 생을 마감한 그의 유지를 받은 아들 정연과 정홍록이 의병을 일으켰으나, 각각 정유년과 이듬해 순국했다. 장군은 현재 고흥군 도화면의 유주산 동쪽 불순동에 잠들어 있다. 남쪽이 훤히 내려다보이는 전망 좋은 곳이다. 부친과 모친의 묘가 장군의 앞쪽에 있는데 이는 정걸 부모의 묘가 나중에 옮겨 왔기 때문일 것이리라.

임금은 정걸이 죽자 슬퍼하며 녹선무훈을 명했다고 유허비에 기록되어 있다. 선무원종공신으로 임명하게 했다는 뜻으로 읽히는데 이후 장군에 대한 공훈은 내려지지 않았다. 이후 장군은 1832년 순

정걸 장군 묘비

조 때에 운곡사에 배향되었다. 고흥군 고흥읍 호동리에 있는 이 사당에는 고흥 유씨 9명, 남양 송씨 6명이 배향되었다가 추가로 정걸이 배향되었다고 전해진다. 금곡사에도 배향되었다는데 그곳에는 필자가 미처 가보지 못했다. 금곡사는 권율 장군의 이치대첩을 기념하여 세워진 사당으로 이치전투에 참여했던 장수들이 모셔져 있는데 그곳에 정걸 장군이 배향되었다는 것은 사실관계를 확인해

봐야 할 듯하다. 1974년 장군의 고향 근처에 안동사雁洞祠가 건립되면서 위패를 이곳으로 옮겼다. 안동사는 사당이 있는 동네 모양이 기러기 동굴 같다 해서 붙여진 이름이다.

정걸 장군의 생가 터는 현재 길두장로교회 자리로 추정되고 있다. 이마저도 추정이지 정확한 터는 확인되지 않고 있다. 생전에 장군이 말에 오를 때 디딤돌로 썼다고 하는 마석이 인근 종손댁 수돗가에 안치되어 있고 당시에 사용했던 것으로 알려진 연자방아는 종손댁 앞 공터에 방치되어 있다. 한편, 정걸 장군이 귀향하면서 일곱 그루의 느티나무를 심어 그중 전동마을에 두 그루, 삼정마을에 세 그루가 남았다는 이야기를 들었는데 직접 보지는 못했다. 또 함경도 종성부사 시절 선정을 기념하여 백성들이 세운 송덕비가 있다고 하는데 북한 땅이라 확인할 방법이 없었다.

정걸 장군은 아들 하나와 두 딸을 낳았다. 아들 정연은 무과 급제 후 4년 만에 종3품 영광군수에 올랐지만 1597년(정유년)에 의병을 일으켜 싸우다 흥덕에서 전사했다. 손자인 정홍록도 무안현감과 낙안군수로 평탄한 관직 생활을 하다가 정유재란에 의병을 일으켜 1598년(무술년)에 순국했다. 이처럼 두 해에 걸쳐 3대가 모두 사망함으로써 가세는 급격히 기울어지기 시작했다. 이후로 제대로 출사하는 이들이 없어 3대 연속 무과 급제를 배출한 명문 가문이 한순간에 무너져 내렸다. 두 딸은 송응기와 황민후에게 시집갔다.

사위 송응기는 《호남절의록》에 등장한다.* 사위도 과연 위대한 장군의 이름에 부끄럽지 않은 행적을 보였다.

1584년(선조 17)에 무과에 급제해 주부 벼슬을 했다. 정유재란 때 병사 이복남을 따라 남원성을 지켰는데 여러 방략을 마련하는 데 많은 힘이 되었다. 주야로 혈전을 벌였으나 성이 함락되던 날 아들 홍부 및 노인 등과 함께 포로로 잡혀 일본으로 끌려갔다. 왜적이 칼로 위협하여도 공은 끝내 굴복하지 않았다. 오사카성에 3년간 구금되어 있었는데 그 지절이 더욱 돈독하니 왜 또한 그를 공경하고 중히 여겼다. 승려 유정이 통신사로 일본에 왔는데 공이 밤에 그 문을 두드리니 유정은 그를 물리쳤다. 공이 울면서 남원에서 성이 함락될 때의 일을 이야기하고 이어서 포로 생활 중에 얻은 적의 기밀과 풍속들을 말하니 유정이 크게 기뻐하면서 "모일에 출발하니 오사카성의 남문에서 나를 기다리라"고 했다. 마침내 아들 홍부와 함께 돌아오니 상(임금)이 칭찬하고 장려하면서 삼척부사를 제수했다. 선무원종공신에 녹훈되었다. 형인현감 응벽은 임진왜란 때 의주까지 어가를 호가했다.

● 송응기는 송응벽이라고 전해오기도 하는데 신도비는 송응벽으로 기록했다.

순천대 이욱 교수의 연구 논문도 취재에 여러 가지 도움이 되었는데, 그는 필자와는 좀 다른 시각으로 장군의 생애 종반을 기록했다.

1593년 6월 1일에는 이순신의 지원 요청에 호응하여 단신으로 이순신의 진영에 합류하였다. 당포와 부산포에서의 전투, 그리고 행주대첩의 공 등이 감안되어 1593년 8월 21일 가선대부 충무위 부호군으로 승진하였다. 같은 해 윤11월 17일에는 충청수사에서 교체되자 홀로 이순신의 군중으로 내려왔으며,* 1594년 9월까지 80의 고령에도 불구하고 계속 한산도 진중에서 머물면서 이순신을 도왔다. 1595년 전쟁은 소강상태가 지속되었고 상당수 일본군은 일본으로 철수하였다. 80 고령의 정걸은 더 이상 전장에 머물 필요가 없었다. 그래서 늦어도 1595년 중순에는 고향인 길두리로 귀향한 것으로 보인다.

그의 논문에는 정걸 장군이 공을 세워 가문의 위신을 높여 선대까지 추증된 사실이 있는데, 장군의 가문을 볼 수 있어 흥미롭다. 그 내용의 일부를 옮긴다.

---

* 이순신, 《이충무공전서》 3권, 이욱 교수 논문에서 재인용.

니탕개의 난이 진정되자 1583년 11월 절충장군의 관계로 종2품인 전라병사의 자리에 올랐다. 이는 정걸의 가문으로서는 매우 의미 있는 일이었다. 절충장군은 정3품 당상관으로 무반으로 서는 가장 높은 관계였지만, 이 관계로는 부모와 조부모, 증조부모가 증직의 특전을 받을 수 없었다. 그런데 이때 정걸은 정3품의 관계로 종2품의 관직인 전라병사에 임명된 것이다. 그리고 종2품 이상의 실직에 임명된 관원에게는 그의 3대가 증직을 받는 특전이 베풀어졌다. 부모에게는 자신의 실직과 동일한 관계와 관직, 조부모에게는 그보다 한 등급 낮은 관계와 관직, 증조부모에게는 두 등급 낮은 관계와 관직이 추증되는 것이다. 정걸의 부친 정승조는 가선대 형조참판 겸 동지의금부사, 모친 이씨는 정부인에 추증되었다. 조부 정자행에게는 한 등급 낮은 통성내부 공조참의, 조모 김씨는 숙부인에 추증되었다. 증조부 정성은 통훈대부 사옹원정, 그리고 증조모 오씨는 숙부인에 추증되었다.

5장

소실된 기록 복원과
출생년도에 대한 이견

정걸 장군을 온전히 만나기는 쉽지 않았다. 군데군데 사료가 많이 빠져 있어《선조실록》,《선조수정실록》,《난중일기》등에 나타난 기록들만으로는 장군의 생애를 모두 추적할 수가 없었다. 특히 전라좌수영 조방장으로 부임하기 이전 10여 년의 행적을 기록한 사료가 거의 없었다. 후손들에 의하면 가문에 남아 있던 많은 기록이 일제강점기에 불에 타 소실되었다고 하여 안타까움을 자아냈다. 다행히 교지 34점이 소실되지 않아 2005년 국립진주박물관에 기탁되었는데 정걸에게 내려진 교지가 6점, 아들 정연에게 내려진 것이 12점, 손자 정홍록에게 내려진 것이 9점, 장군의 가문에 내려진 것이 7점이었다. 기탁의 이유가 있었겠지만 장군의 고향인 고흥군이 나서 배향된 안동사에 보관하는 것이 좋지 않을까 생각해본다.

정걸 장군의 출생년도는《선조실록》과《난중일기》, 그리고 족보에 기록된 1514년이 정설이라고 보는데 장군 생전에 교류를 했다고 알려진 심수경의《견한잡록》에 나이에 관한 흥미로운 기록이 있다.

> 을묘년 여름에 왜구가 호남에 침범하니, 호조 판서 이준경이 도순찰사, 홍문관 전한인 나와 이조 좌랑 김귀영이 종사관從事官이 되어 토벌하였다. 그 후 이준경은 벼슬이 영의정이 되어 70세가 넘었고, 김귀영은 좌의정으로 74세이며, 나는 우의정으로 지금 82세이니, 3명이 모두 의정에 참여하고 70세가 넘었으니, 진실로 우연이 아니다.

이준경이 을묘왜변에서 정걸과 방진을 데리고 참전할 때 그보다 높은 문과 직급에서 심수경과 김귀영을 종사관으로 데리고 갔음을 알 수 있는 대목이다. 그러니 호남전투에서 심수경과 정걸은 친분을 쌓을 수 있었는데 전우애로 뭉쳐진 그들이 후일까지 연락을 주고받고 계를 조성할 정도로 친해졌음을 보여준다. 그 심수경이《견한잡록》에서 정걸의 나이와 관련하여 이런 기록을 남겨두었다.

나의 동년(同年, 과거에서의 동기를 말함)인 계묘년 사마방司馬榜
중에는 문과에 급제한 자가 61명이며, 음직(蔭職, 과거를 거치지
않고 조상의 공덕으로 받는 관직)으로 벼슬한 자가 31명인데 (중
략) 황린黃璘과 신희남이 75세, 권벽이 74세, 조부·허현·박홍朴
泓이 73세, 심호沈鎬·권순이 73세, 김언침·이감李鑑·이인李遴
이 71세, 심전·김진金鎭이 70세였는데 모두 작고하였고, 나는
82세, 황응규는 80세, 장사중은 74세인데 모두 아직도 무병하
다. 2백 명이 같은 방榜으로 급제한 지도 55년이나 되어 세 명만
이 생존해 있으니, 아, 서글프다.

― 장사중은 정유년 여름에, 황응규는 무술년 가을에 작고했다.

나와 동갑인 병자생으로 계를 한 이가 35명이다. 그중 70이 넘
은 이는 소흡蘇洽·박인수朴麟壽·성세평成世平·윤위尹緯·유성
남柳成男·홍섬洪暹인데 모두 작고하고, 정걸과 나는 82세로 아
직 무병하니, 35명 중에 2명이라도 생존한 것은 다행이다.

― 정걸도 정유년 여름에 작고했다.

이 자료에서 보듯 심수경은 병자년에 태어난 동갑 35명이 계를
결성하여 우의를 다졌던 것을 기록해두었다. 또《병자계첩》에도 병
자년 정월 16일에 태어난 남정을 필두로 한 35명의 자와 호, 생일이
기록되어 있다. 그리고 봄가을 마지막 달에 각각 음식을 마련하여

계모임을 가졌다. 정걸은 문신들과도 좋은 관계를 유지했던 것으로 보여 폭넓은 대인관계를 입증하고 있기도 하다. 어쨌든 이 두 자료에는 정걸이 병자년생으로 나오니 이를 따르자면 1516년에 출생한 것이 맞다. 그러나 필자는 본문에서 1514년을 채택했다. 실록을 일단 정식 기록으로 보았기 때문이다. 《선조실록》에도 이순신의 장계에 정걸의 나이를 언급한 부분이 나오니까 말이다.

6장

상훈과 신상필벌에 대한 아쉬움

필자는 충무공 이순신의 멘토이자 행주대첩에서 결정적인 승리 요인을 제공한 정걸 장군의 업적을 확인할수록 왜 그에게 상훈이 내려지지 않았는지 이해할 수가 없었다. 우리가 익히 알고 있는 것 처럼 전쟁이 끝난 후 선조가 수여한 상훈은 많은 실망감을 주었다. 먼저《선조수정실록》에 기록된 공훈자의 면면을 보자.

공신을 3등급으로 나누어
대대적으로 봉하다

공신을 대대적으로 봉하였다. 서울에서부터 의주까지 시종 어가御駕를 모신 사람을 호성공신扈聖功臣으로 삼고, 왜적을 정벌한 제장諸將들과 군량을 주청하러 간 사신들을 선무공신宣武功臣으로 삼고, 이몽학李夢鶴의 난을 토벌한 자를 청난공신淸難功臣으로 삼아, 모두 3등급으로 나누고 차등 있게 봉호封號를 내렸다.

호성공신 1등에는 이항복·정곤수,

2등에 신성군 이후·정원군 이부*·이원익·윤두수·심우승·이호민·윤근수·류성룡·김응남·이산보·유근·이충원·홍진·이괵·유영경·이유징·박동량·심대·박숭원·정희번·이광정·최흥원·심충겸·윤자신·한연·해풍군·이기·순의군·이경온·순령군·이경검·신잡·안황·구성,

3등에 성탁·이헌국·유희림·이유중·임발영·기효복·최응숙·최빈·여정방·이응순·절신정·이수곤·송강·고희·강인·김기문·최언순·민희건·허준·이연록·김응수·오치운·김봉·김양보·안언봉·박충경·임우·김응창·정한기·박춘성·김예정·김수원·신응서·신대용·김세신·조귀수·이공기·양자검·백응범·최윤영·김준영·정대길·김계한·박몽주·이사공·유조생·양

순민·경종지·최세준·홍택·이춘국·전용·이희령·오연 등 총 86인이요, 내시 24인, 마의馬醫 6인, 의관醫官 2인, 별좌사알別坐司謁 2인이다.

선무공신은 1등에 이순신·권율·원균, 2등에 신점·권응수·김시민·이정암·이억기, 3등에 정기원·권협·유충원·고언백·이광악·조경·권준·이순신·기효근·이운룡 등 총 18인이다.

청난공신은 1등에 홍가신, 2등에 박명현·최호, 3등에 신경행·임득의 등 모두 5인이다. (호성공신 1등은 충근정량갈성효절협책忠勤貞亮竭誠效節協策의 호를 내리고, 2등은 갈성 2자를 줄이고, 3등은 또 효절협책의 4자를 줄였다. 선무공신 1등은 효충장의적의협력效忠仗義迪毅協力의 호를 내리고, 2등은 적의 2자를 줄이고, 3등은 또 협력 2자를 줄였다. 청난공신 1등은 분충출기합모적奮忠出氣合謀迪의 호를 내리고, 2등은 합모 2자를 줄이고, 3등은 또 적의 2자를 줄였다.)

《선조수정실록》, 1604년(선조 37) 6월 25일 기사

이날 선조가 세운 공신에는 호성공신이 모두 86명, 선무공신 18명, 청난공신 5명으로 도합 109명이다. 호송공신은 선조 자신이 피난하는 데 도움을 준 사람들로 여기에는 내시와 의관, 말고삐를 잡은 마부와 밥을 구하러 다닌 사람들까지 포함되어 있다. 이순신, 원균, 권율, 김시민 등 전장에서 목숨을 바쳐 싸운 선무공신이 겨우

18명인데 반해 자신의 피난을 호위한 사람들을 86명이나 포상했다는 것은 임진왜란 극복에 대한 선조의 인식을 잘 드러내고 있다. 선조는 피난 중 평양에서 명나라로 가겠다는 의견을 강력히 피력했다. 류성룡 등에 의해 제지되자 이번에는 명나라 군대 파병에 혼신을 다했다. 이후 전란 내내 명나라 군대를 신군이라 하여 모든 것을 의지한다. 결국 선조는 명나라 군대가 와서 일본군을 물리친 것으로 명나라 군대를 끌어들인 자신의 공이 가장 컸다는 것을 강조하고 싶었던 것이다. 그러나 상신된 공신 가운데 이몽학의 난을 진압한 청난공신까지는 그렇다 해도 곽재우, 정인홍, 김면, 김천일, 고경명, 조헌 등과 같은 의병장들이 줄줄이 빠졌다는 것은 말도 안 되는 처사였다. 이런 불만의 여론이 비등해지자 이후 추가 공훈 선정을 통해 선조는 의병장들과 상훈에 빠졌던 많은 관원들 9,060명을 한꺼번에 선무 원종공신이라는 이름으로 등재해줬다. 이순신이 올린 부산포해전 장계에서 전공을 인정받아 충청수사로 제수했고, 도체찰사 류성룡이 선조에게 직접 보고한 기록과 행주산성 전투에 직접 참전한 신경희가 대면하여 행주대첩 막바지에 화살 2만 개를 싣고 와 승리에 기여한 사람이 충청수사 정걸이라고 분명히 기록된 《선조실록》이 있음에도 공신록은 내려지지 않았다. 시호 또한 마찬가지다. 참으로 이상한 일이다. 그래서 필자는 사료 속에서 정걸 장군과 비견될 만한 업적을 남긴 다른 인물의 경우와 비교해보았다. 가장 적합인 이가 선거이 장군이다. 선거이 장군은 1550년 출생으로 무과에 급제 후 임진왜란이 일어나던 1592년에 진도군수로 전라우수영에 배속되어 이순신 장군과 함께 한산대첩에 참여하여 전공을 세우고, 이후 전라도 병마절도사로 권율 장군과 함께 독산성 전투와 행주대첩 승리에 큰 공을 세웠다. 이후에도 전란 내내 왜적과 싸우다 1598년 경주에서 전사했다. 이런 선거이 장군에게는 선무원종공신 1등이 내려졌다. 백번 양보해 행주대첩에 참여한 분들의 상훈만으로 좁혀서 비교해보자. 행주대첩에 참전해 전공을 세운 중요 인물로 66명이 기록되었고 여기에는 정걸도 포함되어 있다. 그러나 66명 중 44명이 선무원종공신 1,2,3등의 상훈을 받았지만 유독 정걸의 이름은 없다.* 《선조실록》에 등장하여 정걸의 공을 보고했던 고산현감 신경희도 선무원종공신 2등의 상훈을 받았다.

78세의 고령으로 전라좌수영 조방장에 임명되어 1년 만에 거북선을 비롯한 전투준비를 완벽히 마쳐 이순신 장군의 연승 기틀을 닦았고, 부산포해전에는 직접 참전하여 큰 공을 세워 충청수사로 승진했으며, 80세 현역으로 행주대첩에 기여한 정걸 장군이었다. 게다가 3대가 전란에 참여해 모두 순국한 이들 가문에 아무런 시호나 상훈이 없다는 것을 필자는 어떻게 이해해야 할지 모르겠다.

• 최형국, 《조선 무사》, 인물과사상사, 148-149쪽.

《난중일기》에도 이순신 장군이 선조에게 직접 공훈을 내려달라고 언급했다는 기록이 곳곳에 나온다. 정걸이 죽고 난 후 '임금이 슬퍼하여 녹선무훈을 명했다'라고 기록된 유허비의 구절에 더 큰 의문이 생겼다.

필자가 이 책을 집필하고자 했던 연유는 충무공 이순신 장군의 조력자를 탐구하기 위함이었다. 그 첫 번째 인물로 정걸 장군을 선택한 것이다. 그런데 정걸 장군은 조력자라기보다는 스승이었고 멘토였다. 이순신은 당대 최고의 전략과 전술을 지닌 백전노장을 스승으로 모셨고, 정걸은 나이와 지위에 연연하지 않으며 출중한 후배를 알아봤다. 영웅은 호걸을 모셨고, 호걸은 영웅을 받들었다. 그런데 우리는 그런 정걸에 대해 너무 무관심했다. 이번 기회에 정걸 장군의 생가 터 표지판 하나라도 세워지길 바란다. 안동사의 앞마당이 추모의 발길로 반듯해졌으면 좋겠다.

이순신 장군의 업적을
더욱 풍성하게 해줄 작업

임진왜란을 이야기할 때 우리는 성웅 이순신 장군에게만 초점을 맞추어 보는 버릇이 있다. 스포트라이트를 받는 인물일수록 그를 돕는 조력자들 또한 많았을 것이라는 점을 모르지 않겠지만, 늘 결과만 강조하는 세태처럼 우리도 역사를 미숙하게 읽는 버릇을 가지고 있는 것은 아닐까? 16세기 말에 발발해 조선의 운명을 뒤흔든 이 전쟁은 당시 동아시아 국제질서를 요동케 한 '세계대전'이었다. 이로 인해 명나라는 과다한 군비 지출과 무능한 지도부로 인해 명청 교체기를 겪고 나라가 바뀌는 일대 변란이 일어났다. 일본에선 7년 전쟁의 후유증을 겪으며 도요토미 히데요시가 죽고 나서 도쿠

가와 이에야스 시대로 정권이 넘어가는 혼란기를 겪었다. 조선도 정권이 바뀌지는 않았지만 전쟁의 최대 피해국이 되었고 국력과 경제력에 크게 손상을 입어 수많은 전사자와 부상자가 생겨났다. 조선 건국 후 200여 년 만에 발생한 참상으로 조선의 국가와 사회가 해체 직전에 이른 어려운 시기였다. 그럼에도 놀라운 것은 임금이 백성을 버리고 도주하다시피 의주 땅으로 올라가 명나라 피난 운운하던 시기에서조차 충의 정신을 앞세운 전쟁 영웅들이 모든 희생을 각오하고 참전함으로써 나라를 지켜냈다는 점이다. 임진왜란에 이순신 장군만큼 위대한 인물이 출현하지 않았다면, 그리고 그가 철저히 전쟁을 대비하지 않았다면 임진왜란의 결과는 아마 상상도 하기 어려웠을 것이다. 그리고 그를 도우며 국난을 극복하고 수습하는 데 수많은 의병과 백성들, 그리고 자신을 돌보지 않고 전쟁터에서 목숨을 내던진 무명의 군사들을 기억할 필요가 있다.

이번에는 이순신 장군의 멘토로서, 나라를 위해 자신의 경험과 지혜를 쏟아부은 노장 정걸 장군의 명예로운 삶을 살펴보았다. 정걸 장군을 필두로 이순신의 조력자를 찾는 작업은 계속해나갈 생각이다. 조선 수군의 활약상에 대해 많은 연구가 이루어졌음에도 이순신을 도왔던 참모나 해상 전투의 숨은 영웅들에 대한 연구는 상대적으로 부족했다. 찬란히 빛나는 이순신 장군에 가려 관심을 가지지 못한 측면도 있으나 부족한 기록들을 체계적으로 발굴하지 못한 점도 분명히 있다. 산재해 있을 기록들이 없어지기 전에 서울여해재단이 나서 연구 및 출판 활동을 해나갈 계획이다. 나는 이런 활동이 결국 이순신 장군의 업적을 더 풍성하게 해줄 것이라고 믿는다. 이순신 장군의 어머니인 초계 변씨, 나대용, 어영담, 이억기, 배흥립, 정운 등 기라성 같은 위인들이 많이 남아 있다. 독자 여러분의 관심과 사랑을 기대한다.

부록

정걸 - 이순신 관련 주요 유적지 및 관련 정보

정걸과 이순신 연표 비교

정걸–이순신 관련
주요 유적지 및 관련 정보

고흥발포만호성 (발포진성)

전라남도 고흥군 도화면 내발리 968

전라남도 시도기념물 제27호로, 이순신 장군이 발포만호로 근무하던 곳이다. 발포진은 1439년(세종 21)부터 만호가 배치되었다. 이 성곽은 1490년(성종 21)에 둘레 1,360척, 높이 13척의 규모로 축성했다. 현재 남아 있는 성벽은 여장을 제외한 나머지 부분을 복원·정비한 것이다. 여장은 성벽 위에 설치하는 낮은 담장으로, 적으로부터 몸을 보호하고 적을 효과적으로 공격할 수 있는 구조물이다. 총구나 화살을 쏠 수 있도록 설계했다.

정걸–이순신과 관련한 유적지와 볼거리를 나열했다. 역사 탐방처럼 위대한 선현이 머무른 자취가 남겨진 곳을 돌아보는 것은 더할 나위 없는 산교육의 장이 될 것이라고 믿는다. 이에 본문에 나온 중요한 유적지들을 소개한다.

청렴광장

고흥발포만호성 옆

덕흥 선소

전라남도 고흥군 도화면 사덕리

이순신 장군이 발포만호로 재임하던 당시 직속상관이던 전라좌수사가 거문고를 만들 생각으로 오동나무를 베어가려 하자 '이 나무는 관청의 재물이므로 그 누구도 베어갈 수가 없다'고 거절한 역사 속 청렴 일화를 기념해 조성한 공간이다. 2015년 11월 1일 청렴일화비 건립과 함께 국민에게 직접 분양한 '청렴 박석' 1,580개를 포함한 16,237개의 박석으로 공원을 조성했다.

정걸 장군의 12대손 정종규 옹은 이곳이 도화면 사덕리 구암지구 간척지라고 설명하면서 예전에는 근처에 배를 만드는 선소가 있었다고 증언했다. 도화면 사덕리 1250번지 일대는 바다로부터 이어진 도화천 깊숙한 곳에 위치하여 전선소를 둘 만한 곳이다. 목선인 판옥선과 거북선의 출입이 가능하고, 외적에게 쉽게 노출되지 않는 곳에서 배를 만들 수 있는 지형이다. 간척 때문에 유명무실해졌고 거리 안내판에만 덕흥선소길이라는 이름이 붙어 있어 선소의 존재를 쓸쓸히 알려준다. 반드시 유물, 유적의 발굴 조사가 있어야 할 곳이다.

발포역사전시체험관

전라남도 고흥군 도화면 충무사 Tel. 061-830-5843

고흥 반도 중앙 맨 아래쪽에 위치한 곳이다. 정걸과 이순신의 발자취를 곳곳에서 느낄 수 있는 곳으로 남해안을 돌아볼 때 함께 찾아가보기를 강력 추천하는 유서 깊은 유적지이다. 발포는 마을 포구가 불가에서 스님의 밥그릇과 비슷하다 해서 붙여진 이름이다. '발' 자는 바리때 발鉢인데 흔히 '본' 자로 잘못 읽히지만 불가에서 수양을 위해 걸식하는 것을 탁발이라 불렀다는 것을 생각해보면 '발' 자가 분명하다. 이순신이 발포만호로 근무했고, 흥양 고두리는 정걸의 출생지이다. 임진왜란 당시에는 황정록과 소계남이 발포만호로 일했다는 기록이 있다. 이곳을 중심으로 서울을 바라보면 왼쪽 끝에 녹동항이 있다. 소박하지만 나름 번화한 항구도시의 면모를 만날 수 있다. 오른쪽 끝에는 그 유명한 나로도가 있다. 한국 항공 우주 개발의 역사가 이 섬에서 이루어졌다.

정걸 생가 터

전라남도 고흥군 포두면 길두리

정걸 묘소

전라남도 고흥군 도화면 구암리

정걸 장군은 1514년에 지금의 고흥군 포두면 길두리 후동마을에서 출생했고 경상우수사에 이순신 전라좌수사 조방장, 그리고 충청수사를 마치고 귀향해 이곳에서 숨을 거두었다. 현재 이곳에는 생가터의 위치 안내는 없고 길두장로교회가 위치해 있다. 안내판 하나 정도는 세워줄 수 있을 터인데 그나마도 없어 쓸쓸함을 준다.

정걸 장군은 고향 흥양으로 돌아와 숨을 거두었고 유주산 자락에 묻혔다. 유주산은 전라남도 고흥군의 도화면 구암리에 위치한 산이다(고도 417미터). 고흥 반도의 남쪽 끝에 솟아 있어 산 정상에 오르면 거금도를 비롯한 다도해를 한눈에 조망할 수 있다. 조선 시대에는 정상에 봉수대가 설치되어, 왜구의 침입을 알리는 역할을 수행했다. 이 산 중턱에 그의 묘소가 있다. 묘소를 방문해보니 차로 입구까지 갈 수 있으나 묘소로 들어가기는 쉽지 않다. 들어가는 길이 험하지는 않으나 숲과 잡초가 우거져 있기 때문에 도보로 탐방하면 된다.

안동사 雁洞祠

전라남도 고흥군 포두면 길두리

여수 방답진 굴강

전라남도 여수시 선소마을길 33

1974년 전라남도 고흥군 포두면 길두리 안동마을에 창건한 영광 정씨 가문의 사당이다. 불우헌 정극인을 비롯한 영광 정씨 8위를 모시고 있다. 아들 손자 위패도 함께 있다. 사당과 출입구의 개보수가 필요한 상황이다. 찾는 이가 없어 위패만 모셔져 있는 모습이 딱하다.

굴강은 조선 시대 선박의 수리·보수, 군사 물자의 하역, 특수 목적 선박 등의 정박을 목적으로 세운 중요한 군사 시설이다. 방파제와 선착장의 역할을 함께 수행했으므로 남해안의 작은 만을 굴강으로 활용했다. 굴강은 선박을 대피하기 위해 만든 구조물이 작은 만처럼 굽어 있다는 데서 유래한 명칭으로 추측되며 여수에는 시전동과 방답진 두 곳에 굴강이 있었다. 발포진성 앞에도 같은 역할을 하는 굴강이 있어 굴강 선소라고 부르기도 한다. 이곳에는 판옥선 두 척 정도가 나란히 들어와 개보수할 수 있었고 밖에서는 선소가 제대로 보이지 않아 이점이 있었다.

사도진성 蛇渡鎭城

전라남도 고흥군 영남면 금사리 사도마을

녹도진성 鹿島鎭城

전라남도 고흥군 도양읍 봉암리 녹동마을

조선 초기 고흥 반도에 설치된 수군 기지인 사도진의 방어성이다. 지금은 당시 석성의 돌무더기만 여기저기 남아 있다. 이곳은 원해 해창만海倉灣 어귀를 지키는 수군의 해안 방위 기지였던 사도진의 성으로, 1491년(성종 22) 10월 축성되었다. 종3품 무관직인 첨절제사僉節制使가 배치된 첨절제사진성이었다. 조선 초기에 사도진성은 회령포·달량·마도·여도·녹도·발포·돌산포의 7개 만호성을 거느리는 전라도 최대의 수영이었다고 전한다. 사도진성과 현재의 마을을 둘러보면 바다 깊숙이 들어와 있어 아늑하고 안정된 것이 천혜의 요새였음을 알게 해준다. 《난중일기》에 충무공 이순신이 초도순시 때 이곳에 들러 군기를 점검하고 부하 장병을 독려한 기록이 있다.

조선 초기에 설치된 수군 기지인 녹도진의 방어성으로, 지금은 거의 성의 흔적이 남아 있지 않다. 1490년(성종 21) 10월에 축조되었다. 종4품 무관직인 만호가 배치된 만호성이었다. 녹도진성은 1490년 10월 둘레 2,020척(약 606미터), 높이 13척(약 3.9미터) 규모로 축성되었다. 지금은 다 무너지고 녹동이 시가지로 개발되면서 흔적만 조금 남아 있으나 녹도만호성의 기운은 지금껏 전해온다.

여도진 성지 呂島鎭城址

전라남도 고흥군 점암면 여호리

전라남도 고흥군 점암면 여호리에 남아
있는 조선 시대 성터다. 성지라고 부르
는 것은 그만큼 성의 자취가 남아 있지
않다는 뜻이다. 1994년 12월 5일 전라남
도 기념물 제155호로 지정되었다. 고흥
여도진은 임진왜란 때 전라좌수영 관내
5관 5포에 속하는 수군진으로 당시 매
우 중요했고 수군만호가 주둔했으며, 진
성을 세워 방어하다가 세월이 흘러 지금
은 석성의 일부만 남아 있다.

전방에 원주도, 북쪽에 내백일도·우모
도·계도, 남쪽에 팔영산, 그리고 동쪽으
로 항도에 둘러싸인 해상 요충으로서 여
자만次自灣 해역을 방어할 수 있는 천연
의 요새지로 알려져 있다. 여도진성은
1491년(성종 22)에 축성된 것으로 둘레가
1,320자, 높이가 15자였다고 《성종실록》
에 기록되어 있으나 지금은 성터의 유구
일부만 남아 있다.

충청수영성

충청남도 보령시 오천면 소성리

보령 충청수영성은 충청남도 보령시 오 천면 소성리에 있는 조선 시대의 성곽이 며 사적 제501호로 1510년(중종 5)에 축 조, 해변의 구릉을 정점으로 쌓은 성으 로 바다를 관측하기에 좋은 수영성의 입 지 조건을 가지고 있다. 원래 충청남도 기념물 제9호 '보령 오천성'으로 지정되 었다가 2009년 8월 24일 '보령 충청수 영성'으로 명칭을 바꾸어 사적 제501호 로 승격 지정되었다. 충청도 수군절도

사영이 있던 수영의 성으로 정걸 장군이 이곳에서 수군절도사로 있었다. 성안에 는 영보정永保亭·관덕정觀德亭·대변루待變 樓·능허각凌虛閣·고소대姑蘇臺와 옹성 5개, 문 4개, 연못 1개가 있었다고 전하는데 지금은 서쪽 망화문 터의 아치형 석문만 이 남아 있다.

충무사

전라남도 고흥군 도화면 충무사길 150 Tel. 061-830-5606 (도화면사무소)

발포만호 이순신을 기리기 위해 성곽 북쪽에 조성한 사당이다. 이 사당은 1580년(선조 13) 7월 이순신 장군이 36세 때 이곳 발포만호로 부임하여 1582년(선조 15) 1월까지 모함을 받아 파면되기까지 18개월간 재임한 사실을 기념하기 위하여 만들었다. 이 충무사는 1976년 충무공 유적 고흥보전위원회가 구성되어 발포만호 진성 도제산의 남측 기슭, 성곽의 북벽 바깥에 인접한 경사지에 범군민 산업으로 1976년부터 5년에 걸쳐 건립했다.

전체 면적은 4,335평이고 중요 시설물로는 영정을 모신 사당(13평)을 비롯하여 내삼문, 외삼문 등이 있다. 이곳에서는 충무공 보전위원회 주관으로 매년 충무공 탄신일인 4월 28일에 충무공탄신제를 거행하고 있다. 정문에 서서 바다를 바라보면 점점이 떠 있는 섬들과 발포진성의 면모를 한눈에 볼 수 있다.

독산성 禿山城

경기도 오산시 지곶동

독성산성禿城山城이라고 불리기도 했다. 둘레 약 3,600미터의 이 성은 백제 시대부터 존립해 있었다고 한다. 임진왜란 때인 1593년(선조 26) 권율이 왜적을 물리쳤던 산성으로 유명하다. 1593년 7월에 전라도 관찰사 겸 순변사였던 권율이 남도근왕병(勤王兵, 왕을 가까이에서 지키는 군사) 2만 명을 모집하여 북상하다가 이성에 진을 치고 왜적을 물리쳤던 곳이다. 이곳 전투 후에 행주산성을 지킬 수 있었다. 올라가는 곳은 두 곳이 있는데 주차장 쪽으로 들어가면 산을 넘어 걸어가야 하고 정상의 사찰 쪽으로 가면 조금은 편하게 다다를 수 있다. 현재 성에는 석축 약 400미터가 잘 보존·복원되어 있고 4개의 성문이 남아 있다.

행주서원 杏州書院

경기도 고양시 덕양구 행주산성로 127–17

1985년 9월 20일 경기도문화재자료 제71호로 지정되었다. 명장 권율 장군의 충절을 기리기 위해 세운 서원으로 기공사紀功祠라고 불렸다. 임진왜란 3대첩의 하나인 행주대첩幸州大捷을 승리로 이끈 권율 장군의 전공을 기리고 그의 호국 충절을 추모하기 위해 1842년(헌종 8)에 왕명으로 건립된 서원이다.

조선 후기에 헌종은 고양시 서삼릉(사적 제200호)에 행차할 때마다 임진왜란 때 공적이 높은 권율 장군의 제향을 지낼 건물이 없음을 안타깝게 여기다가 왕명을 내려 행주대첩이 일어났던 산성의 아래쪽 한강가에 사당을 짓게 하고 이곳을 기공사라 하였다. 기공사는 이후 행주서원으로 이름을 고친 다음 권율 장군을 제향하는 사당을 두고 이곳에서 후학을 교육하였다. 서원 안에 있던 행주대첩비는 1845년에 세운 것으로, 1970년 주추만 남아 있는 기공사를 대신하여 행주산성 부근에 새로 지은 권율 장군의 사당인 충장사忠莊祠 옆으로 옮겨놓았다. 산성에서 내려와 500미터 후방에 있다. 정걸 장군 위패도 이곳에 있다.

행주산성

경기도 고양시 덕양구 행주내동 산26-1

임진왜란 3대 대첩의 하나인 행주대첩으로 유명한 곳이다. 자유로를 끼고 있어 교통이 편리하다. 산성은 서남쪽 끝 한강 연안 덕양산(해발 125미터)에 있는 토성으로 면적은 347,670제곱미터(약 105,170평)로 1963년 사적 제56호로 지정되었다. 지형은 동남쪽으로 한강을 끼고 가파른 절벽이 있고, 북서쪽으로는 두 개의 좁은 골짜기가 능곡 평야를 향해 뻗어 있어 군사적 요충지로 꼽혀왔다.

이곳에서 대승을 거둔 행주대첩은 권율 장군과 휘하 군사 3천여 명과 부녀자 등 민관이 일치단결하여 3만 명의 왜군을 물리친 것으로, 절체절명의 위기에 처한 국난을 극복한 그날의 호국 정신은 오늘날까지 행주의 얼로 길이 전해지고 있다.

부록	연도	정걸	이순신
정걸과 이순신 연표 비교	1514	출생	
	1544	무과 급제, 훈련원 봉사	
	1545	선전관	출생
	1553	서북 병마만호	
	1555	남도포 수군만호	
	1556	가리포첨사 승진, 부안현감	
	1561	온성도호부사	
	1565		혼인
	1568	종성부사	
	1569	부안현감	
	1572	경상우수사, 당상관	별과 응시중 낙마 탈락
	1573	파직	
	1574	아들 정연 무과 급제	
	1575	서용	
	1577	전라좌수사	
	1578	경상우수사	
	1579		훈련원 봉사
	1580		발포만호

274

연도	정걸	이순신
1581	절충장군, 행의흥위부호군	파직
1582	장흥부사	훈련원 봉사 복직
1583	창원부사, 종2품 전라도 병마절도	북청 남병사 군관, 훈련원 참관 승진
1585	종성부사	
1587	부안현감, 온성부사, 전라병사	1차 백의종군, 녹둔도 둔전관 겸직
1589	2월까지 경상우수사	전라감사 군관 겸 조방장, 이후 정읍현감, 태인현감 겸직
1591	손자 정홍록 무과 급제	
1592	전라좌수영 조방장	
1593	충청도 수군절도사, 가선대부충무 위 부호군 승진, 전라도 방어사	전라좌수사, 삼도수군통제사
1595	여든둘의 나이로 은퇴, 귀향	
1596	전란 수습과 복구, 길두리 애기소 설치	
1597	사망, 덕흥 선소가 보이는 유주산 산자락에 묻힘	투옥, 2차 백의종군, 삼도수군통제사
1598		노량대첩에서 전사

＊ 공식 사료에 없는 정걸의 기록은 사가의 기록 등에서 옮긴 것입니다.

충무공 이순신의 멘토
80세 현역 정걸 장군

초판 1쇄 인쇄	2019년 7월 10일
초판 1쇄 발행	2019년 7월 22일

지은이	윤동한
사진	정영교

펴낸이	신민식

편집인	최연순

펴낸곳	가디언
출판등록	제2010-000113호

주 소	서울시 마포구 토정로 222 한국출판콘텐츠센터 319호
전 화	02-332-4103
팩 스	02-332-4111
이메일	gadian7@naver.com
홈페이지	www.sirubooks.com

인쇄·제본	㈜상지사 P&B
종이	월드페이퍼㈜

ISBN 979-11-89159-38-2 (03320)

이 도서의 국립중앙도서관 출판예정도서목록(CIP)은 서지정보유통지원시스템 홈페이지 (http://seoji.nl.go.kr)와 국가자료공동목록시스템(http://www.nl.go.kr/kolisnet)에서 이용하실 수 있습니다.(CIP제어번호: CIP2019026243)